人力资本、社会资本
与城市新移民的职业地位获得

魏永峰◎著

中国出版集团
世界图书出版公司
广州·上海·西安·北京

图书在版编目（CIP）数据

人力资本、社会资本与城市新移民的职业地位获得 /魏永峰著 . —广州 : 世界图书出版广东有限公司 , 2025.1重印

ISBN 978-7-5100-9782-9

Ⅰ . ①人… Ⅱ . ①魏… Ⅲ . ①城市—移民—研究—中国 Ⅳ . ① D632.4

中国版本图书馆 CIP 数据核字 (2015) 第 123632 号

人力资本、社会资本与城市新移民的职业地位获得

策划编辑	刘婕妤
责任编辑	梁少玲
出版发行	世界图书出版广东有限公司
地 址	广州市新港西路大江冲 25 号

http:// www.gdst.com.cn

印 刷	悦读天下（山东）印务有限公司
规 格	710mm×1000mm 1/16
印 张	12.25
字 数	162 千
版 次	2015 年 5 月第 1 版 2025 年 1 月第 2 次印刷
ISBN	978-7-5100-9782-9/C·0046
定 价	68.00 元

前　言

　　本书是在我的博士学位论文基础上写成的。我之所以获得对社会网络与职业的研究兴趣源于我的导师上海大学张文宏教授。他是这一领域的专家。我从他那里获得了很多指导以及这方面的很多文献资料。在翻阅了很多文献之后，我发现在解释个人职业地位获得方面存在着一些争辩的理论。这些理论解释各执一词，并都获得了经验资料的验证。那么到底该如何看待这些理论解释的分歧呢？其实，在异质性的社会世界中，几乎不存在放之四海而皆准的理论。不同的理论各有其产生和适用的对象、边界与条件。但是，在面对争辩的理论时，以往的研究大多采用一份数据检验某一个理论的办法，其结果往往就成了各说各话，让人难以对不同理论进行比较和区别。

　　在阅读了周雪光教授所写的《组织社会学十讲》以及他关于合同问题的论文之后，他所倡导的比较理论的分析方法给我很大启发，我尝试运用这种分析方法来解决我上面所提出的问题。

　　我于2006—2009年在美丽的上海大学攻读社会学博士学位，度过了三年忙忙碌碌又令人难忘的时光。我非常感谢我的导师上海大学社会学系张文宏教授！他给我提供了一个十分难得的读博机会。并且在我读博的三年中，给我提供了多方面的帮助。这令我一直十分感念！

　　在我读博期间，许多人以各种方式给予我指导、关心和帮助，尤其是上海大学沈关宝教授、仇立平教授、刘玉照教授、贺斌老师、郑丽老师等文学院和社会学系多位老师！我博士时候朝夕相处的同学和朋友们，我从他们那里源源不断地获取了有益的启发和评价，他们是郑从金博士、聂家昕博士、孙翠玉博士、董敬畏博士、张志祥博士、黎春娴博士、冯海辉博士、吴永红博士、陈琦华博士、尹中琪博士、张琼博士、王兴周博士等等。

2009 年，我到上海海洋大学人文学院工作，得到了学院领导和同仁的许多关心和帮助。我对此十分感谢！尤其要感谢上海海洋大学人文学院院长张继平教授，他非常关心青年老师的成长，为此创造了很多条件，提供了很多机会。我进校工作的第二年，即获得到美国密歇根大学社会学系访学一年的机会。本书的出版也得到他的很多鼓励和支持。同时，我非常感谢人文学院高晓波副教授、金龙副教授和孔凡宏副教授等，他们给予本书出版以宝贵支持。

在学术道路上走到今天，我硕士时候的导师湖南师范大学彭运石教授对我的教导和帮助一直让我铭记于心。那是我人生的一个重要转折。我想借此机会向他表示深深的感谢！

最后，我要感谢我的父母，感谢我的妻子和岳父母，他们给我的支持、鼓励和帮助使我能够勇敢地面对各种困难和挑战。在本书付梓之际，我可爱的女儿出生了，她的到来给我带来了无限的欢乐和希望，这本书作为一个礼物献给她！

就这本书的研究而言，一定存在着很多缺陷和不足，或许还很不成熟。我衷心希望同行专家们给我提出批评和指导！

魏永峰

2015 年 1 月 30 日

于上海临港新城

目　　录

第一章　导　论 001

第二章　文献述评与理论回顾 010
    第一节　文献评述 010
    第二节　理论回顾 029

第三章　中国社会的关系网络和劳动力市场 050
    第一节　中国劳动力市场的演变 050
    第二节　中国社会的关系网络 055

第四章　研究假设 063
    第一节　职业地位获得的解释：五种机制的比较 ... 063
    第二节　城市新移民的职业地位获得：假设 ... 066

第五章　研究设计 078
    第一节　研究对象 078
    第二节　研究工具 079
    第三节　资料的收集 081
    第四节　变量的操作化及测量 082
    第五节　分析方法 088

第六章　城市新移民的人力资本与社会资本　　091

　第一节　样本的基本情况　　091

　第二节　人力资本状况　　097

　第三节　社会资本状况　　100

　第四节　职业地位状况　　106

第七章　城市新移民的职业机会获得　　110

　第一节　求职信息和找职方式的总体描述　　111

　第二节　人力资本与找职方式　　115

　第三节　关系强度与找职方式　　119

　第四节　拥有的社会资本、结构洞的社会资本与找职方式　　121

第八章　城市新移民的职业获得结果　　123

　第一节　找职方式与求职结果　　123

　第二节　人力资本与职业获得　　126

　第三节　拥有的社会资本与职业获得　　131

　第四节　动用的社会资本与职业获得　　136

　第五节　人力资本与社会资本对职业获得的相对影响　　138

　第六节　关系强度与职业获得　　142

第九章　结论、讨论和局限　　144

　第一节　结论和讨论　　144

　第二节　本研究的局限　　155

参考文献　　157

附录一：调查问卷　　170

附录二：全国职业声望得分排列表　　189

第一章 导　论

一、研究缘起

1978 年的改革开放再一次启动了中国的现代化进程。这期间，适逢经济活动的全球化日益加深，在外来投资和对外贸易的带动下，中国大陆的国民经济持续、高速发展，带动一大批城市和工厂迅速崛起。这一切都使移民或人口流动格外活跃。尤其是进入 90 年代后，标志着限制人口流动的粮票制度于 1992 年被取消，邓小平的"南巡讲话"在全国掀起了新一轮开放开发的热潮，从这一年开始，农民终于开始了大规模的劳动力迁移，从 1992 年的 4 000 万人增加到 1996 年的 7 200 万人，2002 年又进一步增加到 9 400 万人，短短 10 年间，中国流动的农村人口已构成世界上规模最大的移民浪潮。[1] 根据国家统计局的统计资料，1982 年第三次全国人口普查结果，全国总人口为 1 031 882 511。在 29 个省、市、自治区中，居住在市（不包括市辖县）、镇的总人口为 206 588 582。市镇总人口占全国总人口的比例为 20.6%。到了 1987 年，这一比例上升为 37.1%。其中市人口占全部人口的比例由 14.4% 上

---

[1]　王桂新、张蕾、张伊娜：《城市新移民贫困救助和社会保障机制研究》，载于《人口学刊》2007 年第 3 期。

升为 19.0%；镇人口占全部人口的比例由 6.2% 上升为 18.1%。[1]1990 年第四次全国人口普查结果，大陆市镇人口占总人口的比重为 26.23%。这一比例到 1995 年又上升为 28.85%，提高 2.62 个百分点。2000 年第五次全国人口普查结果，大陆居住在城镇的人口为 45 594 万，占总人口的 36.09%。2005 年全国总人口为 130 628 万（不含港澳台地区）。其中，流动人口为 14 735 万，跨省流动人口 4 779 万。与第五次全国人口普查相比，流动人口增加 296 万，跨省流动人口增加 537 万。全国人口中，居住在城镇的人口 56 157 万，占总人口的 42.99%。与第五次全国人口普查相比，城镇人口占总人口的比重上升了 6.77 个百分点。[2] 以上统计数据资料显示，城镇人口在全国总人口中的比例从 1982 年的 20.6% 上升到 2005 年的 43%，流动人口已经占到总人口的 10% 以上。显然，以上数据说明，我国现阶段已经出现了汹涌的人口流动或移民浪潮。

"移民"问题一直是国际学术界研究的一个热点。从近 30 年西方学术界对移民问题的研究来看，多种学科都已经纷纷介入当代移民研究领域，并形成了许多富有特色的理论。[3] 在我国，伴随着工业化、城市化而产生的人口向城市的大规模迁移现象，已经引起学术界的广泛关注。最近十余年来，有关移民和流动人口问题的研究成为国内社会学关注的一个重要议题，涌现出

---

[1]　需要说明的是，这一次市、镇人口比重的大幅度增加，部分地是由于行政区划的变动，在市镇人口中包含了一部分农业人口。参见 1987 年人口抽样调查结果说明。

[2]　数据来自中华人民共和国国家统计局网站：http://www.stats.gov.cn/tjgb/rkpcgb/。

[3]　景志铮、郭虹：《城市新移民的社区融入与社会排斥——成都市社区个案研究》，载于《西北人口》2007 年第 2 期。

为数不少的研究成果。[1] 纵观这些研究成果，从研究对象上来说，已有的研究主要集中于"农民工"、水库移民、工程移民、生态移民、婚姻移民（城市外来媳）群体，[2] 那些因毕业分配、工作调动和投资创业而集聚在大城市里的移民群体却令人奇怪地处在研究者的视野之外，几乎无人问津。

然而在我们看来，这个群体却不容忽略。其一，这个移民群体的数量十分巨大。以这个群体构成之一的毕业学生观之。根据教育部的统计数据，全国普通本专科招生数量为：1985 年为 61.92 万，1996 年为 96.58 万，1997 年为 100.04 万，1998 年为 108.36 万，1999 年为 159.68 万，2000 年为 220.61 万，2001 年为 268.28 万，2002 年为 320.50 万。全国中等专业学校和中等技术学校招生数量为：1985 年为 112 万，1996 年为 273 万，1997 年为 292 万，1998 年为 301 万，1999 年为 298 万，2000 年为 243 万，2001 年 236 万。[3] 这些大学毕业生和中等专业毕业生一般都选择留在城市就业、生活和定居。这就意味着，改革开放以来，全国每年有几百万左右的

---

[1] 李培林：《流动民工的社会网络和社会地位》，载于《社会学研究》1996 年第 4 期；李培林主编：《农民工：中国进城农民工的经济社会分析》，北京：社会科学文献出版社 2003 年版；彭庆恩：《关系资本与地位获得——以北京市建筑行业农民包工头的个案为例》，载于《社会学研究》1996 年第 4 期；李强：《中国大陆城市农民工的职业流动》，载于《社会学研究》1999 年第 3 期；陈阿江：《非自愿移民的自愿安置——市场经济条件下农村水库移民安置策略研究》，载于《学海》2006 年第 1 期；赵延东、王奋宇：《城乡流动人口的经济地位获得及决定因素》，载于《中国人口科学》2002 年第 4 期；翟学伟：《社会流动与关系信任——也论关系强度与农民工的求职策略》，载于《社会学研究》2003 年第 1 期；王毅杰、童星：《流动农民职业获得途径及其影响因素》，载于《江苏社会科学》2003 年第 5 期；王奋宇、李路路等著：《中国城市劳动力流动：从业模式、职业生涯、新移民》，北京：北京出版社 2001 年版；张继焦著：《城市的适应——迁移者的就业与创业》，北京：商务印书馆 2000 年版；刘林平著：《关系、社会资本和社会转型——深圳"平江村"研究》，北京：社会科学文献出版社 2002 年版；曹子玮：《农民工的再建构社会网与网内资源流向》，载于《社会学研究》2003 年第 3 期；风笑天：《生活的移植——跨省外迁三峡移民的社会适应》，载于《江苏社会科学》2006 年第 3 期。

[2] 这里不涉及移往海外的移民或流动人口，仅就国内的流动人口或移民而言。

[3] 数据来自中华人民共和国教育部网站：http://www.moe.edu.cn/。

毕业生移民到城市里。[1] 而以中国目前最大的水电工程——三峡工程来看，三峡工程需要搬迁的移民总数规划为 113 万人，三峡库区最终移民人数将达到 140 万。即使是考虑了因生态环境问题三峡库区还将有 400 万居民在未来 10—15 年移居别处，这些从数量上仍然无法与每年几百万留城的毕业生相比。其二，与其他流动人口或移民相比，这个移民群体由于本身的素质（如知识、技能、经济基础等）以及在国家政策、制度等方面相比其他群体所占有的优势，使他们在移民城市的过程中遭遇的困难相对较小。因此可以说，在我国的城市化过程中，这个群体相比其他群体是最容易城市化的，也是最可能先被城市化的一个群体。

本文将这个群体称之为"城市新移民"。何谓"城市新移民"？在国内社会科学领域，"城市新移民"作为一个概念已经被提出来并开始被应用。但是，不同的学者赋予这个概念的内涵不尽相同。李景治、熊光清按照是否取得居住地户籍的标准，把城市新移民分成两类：第一类是由外地迁移到某一城市，有相对稳定的住所，生活了较长一段时间，有定居意向，并取得了当地户籍的居民；第二类与第一类在其他方面都相同，区别只在于没有取得当地户籍。第二类虽然没有取得当地户籍，但他们与没有定居意向的流动人口是有区别的，他们是事实上的城市新移民。[2] 邱兴把在城市化进程中从农村户籍变为城市户籍的群体以及户籍未变动但在城市工作、生活时间较长的群体界定为城市新移民。他那里的城市新移民主要包括农民工、进城经商者

---

[1] 可能存在这样一个问题，即这些大学毕业生群体中有一部分人本身来自城市家庭，毕业后也留在或者回到原城市，所以他们不能称为城市移民。笔者无法获知这些大学生究竟占总体多大比例，但可以肯定的是，农村家庭出身的必定占据不小比例。而且，即使是城市出身也有就业在别的城市的人员。所以，对于本文要借此说明城市新移民群体数量为数不少的目的，可以说是满足了这一目的的。

[2] 参见李景治、熊光清：《中国城市新移民的政治排斥问题分析》，载于《文史哲》2007 年第 4 期。

等。[1] 文军把城市劳动力新移民界定为，通过非正式渠道实现的自我劳动力区域转移，并在城市中主要从事以体力劳动为主的简单再生产工作，但已经获得相当稳定工作和固定住所且主观上具有长期定居于所在城市的群体。他们的主要构成是生活在城市多年的农民工以及部分来自其他城市的无业人员。这些劳动力新移民主要有五个特征：一是靠纯粹出卖劳动力为生或从事非（低）技术工作（这使得他们区别于其他知识移民、财富移民或外来的白领阶层）；二是具有相对固定的住所和收入（这使得他们区别于其他的无业游民、无家可归者）；三是有定居城市的倾向和行为，往往是举家迁移（这使得他们区别于其他的流动人口、暂居人口）；四是相对一般的流动人口而言，他们对所居住的城市认同感相对较强，能主动融入到城市社会中去（这使得他们区别于其他的外来人口）；五是目前还没有得到城市社会的正式认可，户口不在居住城市且多半还在非正规部门就业的非正规移民（这使得他们区别于其他毕业分配、工作调动的正规移民）。[2] 景志铮、郭虹认为，"城市新移民"指的是那些迁移至一个新城市中工作、居住、生活，并在本城市有长期工作和生活下去的趋势或意愿的特定群体。他们中绝大多数是随着20世纪80年代以来流入到城市务工、经商、从事各种社会服务的农村人口。[3] 在王桂新、张蕾、张伊娜那里，城市新移民主要也是指来自农村的劳动力移民，他们主要靠出卖体力或从事一些低层次的工作。特别的，这些城市新移民还没被纳入到城市的社会保障体系中，不少仍处于贫困之中，由于缺乏必要的贫困救

---

[1] 参见邱兴：《城市新移民子女教育：从概念到行动》，载于《教育导刊》2006年第12期。

[2] 参见文军：《论我国城市劳动力新移民的系统构成及其行为选择》，载于《南京社会科学 2005年第1期。

[3] 参见景志铮、郭虹：《城市新移民的社区融入与社会排斥——成都市社区个案研究》，载于《西北人口》2007年第2期。

助和社会保障而成为弱势群体。[1]

综观之，李、熊二人的城市新移民概念内涵过于宽泛，不利于进行具体问题的细致研究。因为这一概念所涵盖的移民群体异质性非常强。其他人所谓的城市新移民主要指的是以体力为主，从事低层次工作的劳动者。与以上学者的城市新移民概念所指不同，本文将那些因毕业分配、工作调动和投资创业而集聚在大城市里生活和工作的人员形成的移民群体称为城市新移民，或曰城市白领移民。所谓的城市新移民主要是指在改革开放后，自我选择的劳动力区域转移，所从事是以脑力型、技术型为主的工作，已经获得相当稳定的工作和拥有固定住所，并且主观上具有长期定居于所在城市的群体。具体而言，本文所谓的"城市新移民"具有以下五个特点：第一，与主要从事简单体力型工作的流动农民工相区别，新移民主要是知识移民、财富移民或技术移民，具有一定的知识水平、技术能力或者经济基础，所从事主要是脑力型、技术型等白领类的工作；第二，与工程移民的被安置、非自愿性相比，新移民不是制度安排的结果，而是自愿选择的结果；[2] 第三，具有相对固定的住所和收入，而且有定居城市的倾向和行为，这一点使新移民群体不同于一般农民工或其他暂居性的流动人口；第四，移民现象通常分为两大类：外部移民和内部移民。虽然二者都是以重新定居（resettlement）作为最终目标的，但前者指跨国界的移民，后者指一个国家内部不同地区之间的移民。本文所

---

[1]　参见王桂新、张蕾、张伊娜：《城市新移民贫困救助和社会保障机制研究》，载于《人口学刊》2007年第3期。

[2]　采用不同的标准，人口迁移可以划分为不同类型。若以人口迁移的意愿程度为标准进行划分，则可把移民划分为自愿移民与非自愿移民（involuntary resettlement）。自愿移民易于理解，如进城的农村劳动力。非自愿移民又叫强制移民（forced migration）。因工程项目建设而导致的人口迁移、土地征用、房屋拆迁等国内一般称之为工程移民，世界银行等国际机构称之为非自愿移民。当然，完全的非自愿移民与完全的自愿移民只是两种移民的理想类型（ideal type），现实中的移民应介于这两者之间。参见陈阿江《非自愿移民的自愿安置——市场经济条件下农村水库移民安置策略研究》，载于《学海》2006年第1期。

指的这个群体是国内不同地区之间的移民，故可谓之内部移民。这一点使其和外部移民相区别；第五，这个群体是改革开放之后产生的，在时间上它和以前的移民群体相区别。

二、研究问题

在现代社会中，职业分层是社会结构形成的关键因素。布劳和邓肯在《美国的职业结构》一书中论述了"职业地位"对社会分层的意义。他们认为在现代工业社会中，无论是声望阶层组成的等级秩序，还是经济阶级组成的等级秩序，以至政治权力与权威所组成的等级秩序，其根基都在于职业结构。[1] 职业分层不仅是构成职业结构的一个重要方面，而且是衡量社会分层的重要标志之一。[2] 职业地位获得（occupational status attainment）一直是社会学研究的一个重要领域。所谓职业地位获得是指人们对能为之带来一定资源的某一职业位置的获取，它包括职业领域中职业位置的取得和流动。[3] 本研究的中心主题是城市新移民的职业地位获得问题，即城市新移民的职业地位获得过程、结果及其影响因素。

具体而言，本研究将主要关注两个方面的问题：

（1）找职方式。人力资本和社会资本与找职方式之间的关系是怎样的？强弱关系在找工作过程中的作用是什么？

（2）求职结果。人力资本与社会资本相比较，哪个对求职结果的贡献更大？分析人力资本和社会资本对解释个人职业地位获得之间差异的相对意义，

---

[1]　Blau, Peter & Duncan, Otis Dudley. *The American Occupational Structure*. New York : Wiley. 1967.

[2]　赵延东：《下岗职工的社会资本与再就业》，中国社会科学院 2001 年博士学位论文第 56 页。

[3]　周玉：《干部：职业地位获得的社会资本分析》，北京：社会科学文献城出版社 2005 年版，第 1 页。

即职业地位获得过程中不同资本形式的效应。关系强度与求职结果之间的关系是怎样的？

三、研究目的

第一，以往有关地位获得的研究既有研究视角的分歧，也有各个中层理论之间的争辩。经济学的思路强调的是人力资本对职业获得的贡献，而社会网络的思路关注的是社会关系网络与职业获得之间的关系。在社会网络学派内部，不同的理论由于其关注点的差异也产生不同的解释结果。如何区辨这些争鸣的理论呢？以往研究大多运用各自的数据检验各自的理论，最终结果只能是各说各话，莫衷一是。本研究试图从比较理论研究的角度来分析、解释个人职业地位获得这一现象。换言之，本研究的一个十分重要的理论任务是比较人力资本经济学和社会关系网络对个人职业地位获得的作用。具体而言，即是把人力资本经济学和社会网络的研究视角并置在一起，并把这两个视角下的中层解释理论落实在同一个实证问题上，对它们的实证假设进行检验。通过比较研究的方式考察不同理论的解释逻辑对个人职业获得这一现象的解释力，分析和揭示不同理论的适用边界和适用条件。

第二，通过研究新移民的找职方式、过程及求职效果，可以进一步了解中国在改革过程中劳动力市场的演变情况，而且，也有助于从这个方面认识中国经济社会转型的历程及面貌。众所周知，在计划经济时代，中国并不存在真正意义上的劳动力市场，从正式的制度层面上说，个人职业获得主要是通过国家工作分配制度进行行政调配；从现实的层面上看，人们主要是通过强关系找到掌权者的帮助而实现职业流动目的的。[1] 在由计划经济向市场经济转型的过程中，根据市场转型理论，市场的逻辑逐渐取代权力的逻辑，实

[1] 参见边燕杰：《找回强关系：中国的间接关系、网络桥梁和求职》，载于《国外社会学》1998 年第 2 期。

现个人社会经济目标应该主要依靠以人力资本为代表的个人因素。实际情况是否如此呢？有研究显示，在中国向市场化迈进的过程中，市场和权力的机制是共存的，但权力维续是主线，而市场化是副线。具体的表现就是，强关系的作用持续上升，权力对资源的控制以及依此进行的人情交换不断强化。[1]无疑，在改革后，政府已经逐渐放松对劳动力的控制，允许劳动力自由流动，在这种新形势下，个人职业获得有哪些特点？如何来解释这些特点？这正是本书在研究中所要着力回答的问题。

第三，从世界范围来看，一个国家或地区的现代化道路必然要经历工业化和城市化，因此无可避免地其人口的职业结构要由农业人口占多数转变为工商业人口为主，而且在人口居住的地理分布上，大量农村人口将迁移和流动到城市居住、工作和生活。从这个层面上说，现代化就意味着城市化，现代化的过程也是一个移民到城市的过程。前文已经指出，在当前中国社会的城市化进程中，"城市新移民"群体不仅数量巨大，而且由于他们在知识、能力、财富等方面占有优势，所以他们是当前中国城市化进程中比较容易定居城市并被城市化的一个群体。但遗憾的是，相对于"农民工"、水库移民、生态移民等受到关注较多的群体，本文所谓的"城市新移民"作为一个群体形象一直没有能够进入研究者的视野当中。因此，本书研究的基本初衷之一即是通过对城市新移民的职业获得情况的研究，进一步丰富国内社会学有关移民问题的研究成果。

---

[1] 参见边燕杰、张文宏：《经济体制、社会网络与职业流动》，载于《中国社会科学》2001 年第 2 期。

第二章　文献述评与理论回顾

社会网络和职业获得研究是社会网络理论发展中的一个相当重要的课题。自从 20 世纪 70 年代格拉诺维特开展有关求职问题的经典研究以来，从社会网络角度研究劳动力市场的职业获得这一取向已经涌现出了大量的研究成果。这一章的第一节旨在审视以往有关这一方面的研究文献，主要内容将放在对以往理论和经验研究中出现的几项争执或矛盾的评述上。第二节将对本文涉及的有关职业获得的理论进行一个简要的回顾，阐明这些理论的主要内容。总之，这一章的目的是想要为下一步的研究工作提出一些有价值的问题和探索方向，并做相应的理论铺陈。

第一节　文献评述

一、因果效应与研究思路

社会网络与职业获得研究的中心命题是个人的社会网络影响其职业获得的结果。为了证实这二者之间存在因果性效应，以往的研究主要采用两种思路：一是考察个人拥有的社会网络资源和职业获得之间的关系；二是考察个人在职业获得过程中动用的社会网络资源和职业获得之间的关系。第一种研究思路关注的是嵌入在个人的一般社会网络中的社会资源。它基于这样一种认识，即个人职业获得的结果取决于关系网络联结的情况；重要的是通过关系网络获取的社会资源的质量和数量，而非所动用的关系本身。沿着这一思路，研究者将焦点集中于个人所拥有的网络和网络成员的资源特点（如规模、多样性、资源范围等）对职业获得结果变量的影响，这些网络和网络成员的资源特点表示的是个人在特定工具性行动中能够提取的资源。第二种研究思路所呈现的是个人在工具性行动中实际动用的社会资源，它不关心个人在社会网络中所能够提取的资源。也就是说，这种思路考察的是个人社会网络中资源丰富的关系人对个人工具性行动的直接结果。研究者只集中于求职过程中网络成员提供的实际帮助或信息，主要考察关系人的资源特点（职业地位、权威地位、部门）如何影响到结果变量（如个人的职业声望、工资、权威）。

经验研究的结果普遍显示，个人的职业获得结果（如工作机会、晋升、职业声望、家庭收入和奖金）与网络范围（如规模、异质性和密度）和网络构成（如平均和最大的教育水平、职业声望和网络成员的家庭收入）之间存在关联；[1] 关系人的社会经济地位越高，求职结果就越好。因为关系人的地

---

[1] Campbell, Karen E & Marsden, Peter V. "Social Resources and Socioeconomic Status.", *Social Networks,* 1986(8), pp97-117; Lin, Nan & Dumin, Mary. "Access to Occupations through Social Ties.", *Social Networks,* 1986(8), pp365-385; Boxman, Ed A.W. De Graaf, Paul M. and Flap, Hendrik D. "The Impact of Social and Human Capital on the Income Attainment of Dutch Managers.", *Social Networks*, 1991(13), pp51-73.

位越高，关系人所拥有的信息就越多，所发挥的影响就越大。[1] 总之，根据这两种研究思路，社会网络与职业获得的基本命题似乎被一致地证实了。

是否可以得出以下结论，说社会网络对职业获得具有因果性效应呢？答案是否定的。原因就在于这两种研究思路本身。第一种研究思路实际上隐含着这样一个假设，即社会资源的获取就意味着动用。但是，拥有资源必然意味着动用吗？这是一个很强的假设。如果这个假设不能满足，那么就不能依据这一研究思路获得的结果斩钉截铁地断定社会网络对职业获得的因果性效应。因为一个很简单的理由是，人们选择交朋友并不是随机的，那些具有社会同质性的人容易成为朋友。如种族、性别、社会阶级、宗教、行为以及价值观等等社会人口学特征相同或相近的人往往容易结为朋友。[2] 因此，个人的职业收入与朋友的收入或职业地位之间也许本来就存在着正相关关系，而不论朋友在劳动力市场上是否提供了帮助。所以，莫尔怀疑以往研究所采取的把个人职业结果和朋友的一般特征联系起来的做法高估了社会资本对职业结果的实际效应。[3]

显然，仅仅考察个人所拥有的社会网络资源和职业获得结果之间的关系是不够的，区分由朋友的同质性选择所产生的虚假相关和真正的朋友的帮助是分析的关键。也就是说，要确定社会资本变量和劳动力市场结果之间的正向关系是因果关联，或相反，是由于非随机的朋友资料而造成的虚假效应，

————————————

[1]　Lin, Nan. Ensel, Walter M. & Vaughn, John C. "Social Resources and Strength of Ties: Structural Factors in Occupational Status Attainment.", *American Sociological Review,* 1981(46), pp393-405; Marsden, Peter V. and Hurlbert, Jeanne S. "Social Resources and Mobility Outcomes: A Replication and Extension.", *Social Forces,* 1988(66), pp1 034-1 059; De Graaf, Nan Dirk, & Flap, Hendrik Derk. "With a Little Help from My Friends :Social Resources as an Explanation of Occupational Status and Income in West Germany, the Netherlands, and the United States.", *Social Forces,* 1988(67), pp 452-472; Bian, Yanjie. "Bringing Strong Ties Back In : Indirect Connection, Bridges, and Job Search in China.", *American Sociological Review,* 1997(62), pp366-385.

[2]　Mcpherson, Miller. Lynn Smith-Lovin. & Cook, James.. "Birds of a Feather : Homophily in Social Networks.", *Annumal Review of Sociology,* 2001(27), pp415-444.

[3]　Mouw, Ted. "Social Capital and Finding a Job : Do Contacts Matter ? ", *American Sociological Review,* 2003(68), pp868-898.

就必须严肃区分非随机性获得朋友和这些朋友对个人的社会经济结果的作用。比如，试想这样一种可能，个人的某种能力同时作用于交朋友和职业获得，交朋友和职业获得之间没有关系，但由于它们都与个人的某种能力相关，所以它们之间在表面上也具有了某种关系，这时社会资本的作用就仅仅反映了朋友特点和未观察到的个人能力之间的关系。

第二种研究思路，涉及的一个重要问题是，社会资源如何被概念化和测量？是通过求职过程中动用的关系来测量，还是通过个人一般社会网络中的资源特征来测量？中国人常说"人脉广泛"、"广交人缘"，这意思就是个人要把自己的社会网络编织得很大、很广，以便能够在需要时摄取有用的社会资源。一个资源丰富的社会网络能够提供有用资源的概率相对较大。所以，个人所拥有的社会网络资源必然和个人的社会行动结果产生某种程度的关联。由此可见，个人所动用的社会资源只是他所拥有的社会资源的一部分，并不能代表他的社会资源的全部。如果这一点成立的话，那么即使我们发现个人职业获得的结果与关系人的资源状况存在正相关关系，仍然不能确定它和个人拥有的总的社会资源之间的关系。也就是说，仅仅发现求职者所动用的关系人的资源状况和职业获得结果之间存在关系，也同样不能充分地显示社会网络和职业获得之间就存在因果关系。

那么，如何来确定社会网络对职业获得的因果性效应呢？林南（2005）认为要检验两个过程，即社会资本的获取模型和社会资本的动员模型。前者关注社会资本的获取——自我在一般的社会网络中所获取的资源，自我通过这些联系（网络资源）可以获取的资源范围影响获得的地位，如职业地位、权威地位、部门或收入。后者关注地位获得过程中的社会资本的动员——在找工作过程中，使用社会交往者（contact）及其所提供的资源。而且他认为，合乎逻辑的办法是在一项单独的研究中同时检验获取与动员的社会资本。其中，特别需要关注的一个理论问题是，获取更多的社会资本是否会提高动员好的社会资本的可能性。[1] 这里的道理在于，当个人在一次特定行动中需要把一个关系（tie）激发成为关系人（contact）时，在一个资源丰富的网络中找到资源丰富的关系人的概率更高。换言之，嵌入网络中的资源越丰富，个人为达到工具性行动目标（如求职）而找到资源丰富的关系人的概率就越大。

莫尔也提出了一个检验网络社会资本的因果效应的办法，即考察社会资本拥有量和动用社会资本找工作的概率之间的关系。[2] 如果其他情况都相同，拥有更优质的社会网络的劳动者应该更有可能运用关系找工作。因此，欲检验社会资本变量对职业机会的因果效应，必要的一步是确定这些变量是否增加了运用关系找工作的概率。这种因果关系检验办法的基本逻辑是：假如好的社会关系意味着真正能带来收益，那么社会关系丰富的人比社会关系差的人更可能通过关系找工作。反之，假如通常用来测量社会资本的网络成员的教育和职业声望等仅仅反映了同质性，而非社会资本的因果关联，那么社会关系丰富的人就不会通过关系获得好的工作机会，我们也就不能指望他们更倾向于选择通过社会关系求职。概括一下，如果动用关系的可能性随社会资本量的变化而变化，那么要检验网络社会资本的因果效应就必须同时观察社会资本变量是否增加了工资和动用关系的概率。

综合以上分析，证明社会资本对职业获得的因果性效应需要关注三者之间的相互关系：社会资本的拥有、社会资本的动用和求职结果。具体而言，首先必须区分拥有的社会资本和动用的社会资本；其次，分别考察拥有的社会资本和动用的社会资本与职业获得结果之间是否存在正向关系；再次，考察拥有的社会资本和动用社会资本概率之间是否存在正向关系。如果后三步同时都得到证实，那么就可以初步认为社会资本对职业获得具有因果效应。

---

[1]　[美] 林南：《社会资本：关于社会结构与行动的理论》，张磊译，上海：上海人民出版社 2005 年版，第 90 页。

[2]　Mouw, Ted. "Social Capital and Finding a Job : Do Contacts Matter ? ", *American Sociological Review,* 2003(68), pp868-898.

二、强关系与弱关系

长期以来，社会网络与职业获得方面的经验研究主要为关系强度的判断所引导。到目前为止，经验研究的结果是，一部分研究支持弱关系理论，而另一部分却没有发现弱关系的效应，甚至有些还得到相反的经验发现。[1]

这是什么原因呢？一种解释是地位差异论，即认为社会地位是强弱关系发挥作用的边界和条件。不同社会地位的人在职业流动或地位获得中所运用的关系的强度是不相同的。[2] 回顾以往的研究就会发现，这些研究隐含的一个假设是，关系强度对所有人都发挥同样的作用。比如，格拉诺维特（1974）的研究样本是男性专业技术人员；林南等（1981；1982；1986）主要调查的是一个城市地区的男性。他们的研究在取样上都选用了社会地位较高的群体，却把得出的"弱关系"结论推论到整个劳动力群体中。但是，当赫尔伯特和马斯登加入了一些与流动相关的其他控制变量，尤其是求职者的教育程度、工作经验和父亲的地位等背景变量时，结果发现去除其他影响因素，求职者动用弱关系并不会获得更有声望的工作、更大公司的工作、进入重要企业，

---

[1] 参见 Bian, Yanjie. "Bringing Strong Ties Back In : Indirect Connection, Bridges, and Job Search in China." *American Sociological Review* 1997(62), pp366-385; Bian, Yanjie, & Ang, Soon. "Guanxi Networks and Job Mobility in China and Singapore.", *Social Forces,* 1997(75), pp981-1 006; Granovetter, Mark. *Getting a Job : A Study of Contacts and Careers.* Cambridge : Harvard University Press. 1974; Lin, Nan. Ensel, Walter M, & Vaughn, John C. "Social Resources and Strength of Ties : Structural Factors in Occupational Status Attainment.", *American Sociological Review,* 1981(46), pp 393-405; Lin, Nan & Dumin, Mary. "Access to Occupations through Social Ties.", *Social Networks,* 1986(8), pp 365-385; De Graaf, Nan Dirk, & Flap, Hendrik Derk. "With a Little Help from My Friends : Social Resources as an Explanation of Occupational Status and Income in West Germany, the Netherlands, and the United States.", *Social Forces* 1988(67), pp452-472; Watannabe, Shin. 1987. "Job-Searching : A Comparative Study of Male Employment Relations in the United States and Japan." Doctoral Dissertation. University of California, Los Angeles; Marsden, Peter V. & Hurlbert, Jeanne S. "Social Resources and Mobility Outcomes : A Replication and Extension.", *Social Forces* 1988(66), pp1 034-1 059; Bridges, William P. & Villemez, Wayne J. "Informal Hiring and Income in the Labor Market.", *American Sociological Review,* 1986(51), pp574-582.

[2] Wegener，Bern. "Job Mobility and Social ties : Social Resources, Prior Job, and Status Attainment.", *American Sociological Review,* 1991(56), pp60-71.

或者获得地位更佳的工作。随后，他们在 1988 年的论文中指出，在纠正了取样偏差后，先前显著的线性效应就不复存在了。这就喻示了，关系强度与求职者的社会地位之间并不是线性的关系。正如布瑞基斯和维利麦兹（Bridges and Villemez）所批评的，迄今为止的大部分对劳动力市场中关系的研究都是以某些有限的人口学或职业类别的群体为样本进行分析，忽略了劳动力市场上的其他群体。[1]

格拉诺维特和林南等人的理论盲点源于他们所依据的人际交往的平衡理论。根据这一理论，强关系连结的人彼此相似，而弱关系联结的人彼此不同。由此可以很自然地推导出，个人的社会网络是同质性的。因为只有相似的人才会经常互相来往。然而在韦格纳（Wegener）看来，这一假设太过于理想化而与事实不相符合。他认为在现实中，大多数社会网络在某种程度上都是异质性的，也就是说，一个社会网络中既包含有高地位的人，也包含有低地位的人。对于那些在网络中处于高地位的人来说，利用弱关系才是必要的。因为他们必须超出自己所在的关系网络范围才能够接触到比自己地位更高的人，弱关系正好可以提供这样的机会。而那些在网络中处于低地位的人在网络内部就完全可以通过强关系联系到地位更高的关系人。韦格纳据此推测，关系强度和求职者先前的职业地位之间存在相互作用。如果抽样设计均衡的话，关系强度与高地位求职者之间的负效应和与低地位求职者之间的正效应该能够同时显现出来。韦格纳对前西德 604 名男女的生活史调查研究证实了这一点：关系强度与先前的职业声望存在交互作用，即先前职业声望低的转职者使用强关系实现流动，而那些职业声望高的则利用弱关系实现流动。他最后指出，在异质性网络中，究竟是何种关系强度发挥作用取决于个人先前的地位。只有考虑到这一点，才能够解释一些人通过弱关系获得收益，而另一

---

[1] Bridges, William P. & Wayne J. Villemez. "Informal Hiring and Income in the Labor Market.", *American Sociological Review,* 1986(51), pp574-582.

些人则通过强关系获得收益。[1]

然而，韦格纳似乎没有意识到，他提出的地位差异论解释暗含了一个假定，即高地位的人所拥有的关系网络和低地位的人所拥有的关系网络是完全重叠的，他们共同拥有这一唯一的网络。这个假定过于强了。事实很可能是，高地位的人和低地位的人的关系网络有一部分是重叠的，而另一部分是不重叠的。也就是说，高地位的人和低地位的人拥有不完全一样的个人关系网络。既然低地位的人可以在自己的关系网络内部通过强关系接触到高地位的关系人，那么同理，高地位的人也可以在自己的关系网络内部通过强关系接触到比他地位更高的关系人。因此，虽然韦格纳的发现——不同地位的人动用关系的强度存在差异——具有很大的启发意义，但他给出的个人网络异质性的解释不能贯彻到高地位的人那里，显然是不充分的。

另一种解释是制度差异论，即认为不同的制度脉络是求职中强弱关系之相对有效性的条件。在《求职》第二版（1995）的后记中，格拉诺维特在回顾了"弱关系"理论提出以来一系列相关的经验研究后，指出关于关系强度和劳动力市场的假设必须在制度脉络中提出。边燕杰将格拉诺维特的这一观点运用于分析中国工作分配制度下的求职过程，即超出市场经济的范围之外，考察强弱关系在中国求职者中的相对有效性。他关注的问题是，当工作通过一个社会主义国家的政府来分配时，各种不同强度的关系是怎样影响职业获得的。

在《找回强关系》一文中，边燕杰发现中国的转职者并非是通过弱关系来实现职业流动的，相反他们往往借助于亲戚、朋友等强关系的帮助达到目的。在区分了信息和影响后，他发现在工作分配制度下，个人的关系网络主要用来获得掌握工作分配实权的人的影响，而不是用来收集就业信息，因为求职者即使得到了信息也不能去申请工作。并且，在45％的通过间接关系（通过

---

[1] Wegener, Bern. "Job Mobility and Social ties : Social Resources, Prior Job, and Status Attainment.", *American Sociological Review* 1991(56), pp 60-71.

中介人的关系）找到帮助者的被调查者中，尽管被调查者和帮助者的关系比那些利用直接关系的人更弱，但他们同中介人的关系是强属性的。也就是说，在中国的个案中，强关系比弱关系更有可能成为帮助者与求职者之间的桥梁。只不过，这里的桥梁传递的是影响而不是信息。[1]

格拉诺维特通过考察市场经济中职业获得过程而提出了"弱关系"理论，他认为弱关系作为桥梁在传递信息方面比强关系更有优势。而边燕杰通过考察中国工作分配制度中强关系在传递影响方面的优势找回了强关系，从而对格拉诺维特的"弱关系"理论的核心依据——弱关系桥梁——提出了挑战。由此，得出的结论是，在市场经济中重要的是工作信息，弱关系恰恰显示出在这方面的优势；而在中国的工作分配制度中重要的是影响，强关系正是在这里表现出力量。总而言之，边燕杰与格拉诺维特相互矛盾的研究结论似乎可以归因于计划经济的中国和市场经济的美国之间的差别。

那么，是否就可以断言，经济制度是强弱关系发挥作用的必要条件呢？渡边深（Watannabe）于1985年在日本东京的研究给出了否定的回答。与计划经济的中国不同，日本实行的是市场经济，有着成熟和规范的劳动力市场。但渡边深在这项样本规模为2 500人的大型调查中发现，被访者倾向于通过家庭和社区网络这样的强关系获取职业信息，而不是通过弱关系。而且，与那些通过弱关系获得职业的人相比，通过强关系获得工作的人拥有更好的工资、职业满意度和公司忠诚度。[2]而且在日本之外，东亚一些国家或地区也实行的是市场经济制度，但在这些国家或地区所做的研究也得出了相似的结

---

[1]　Bian, Yanjie. "Bringing Strong Ties Back In : Indirect Connection, Bridges, and Job Search in China.", *American Sociological Review* 1997(62), pp366-385.

[2]　参见边燕杰：《社会网络与职业获得》，载于《国外社会学》1999年第4期。

论，即在劳动力市场上强关系更为重要。[1]

为了确切地检验经济制度与强弱关系效力的关系，边燕杰和洪询在一篇论文中用计划经济时代中国天津的资料和新加坡市场经济环境下搜集的资料进行比较研究。他们选择这两个国家进行比较的目的是排除文化等其他因素的影响，而专注于观察劳动力市场因素对强弱关系效力的影响。新加坡这个城市国家总人口中有78%是华人，因此新加坡具有中国文化的根基。但与边燕杰当年在中国天津做研究时的社会背景不同的是，新加坡实行的是市场经济，劳动力市场自从二战后就发育成长起来。如果在新加坡社会中能够复制边燕杰在计划经济体制下中国的研究结论，那么就可以排除劳动力市场是强弱关系发挥作用的条件的猜测。研究结果发现，在新加坡的劳动力市场制度背景下，与弱关系相比，工作更多是通过强关系获得的，这与在天津的发现结论一致。另外，这两个地方的高地位帮助者及其在职业流动过程中更大的影响力有利于转职者获得更好的工作，但这些帮助者也更可能是通过强关系而非弱关系找到的。[2] 这些发现排除了"劳动力市场缺失与否对职业流动中强弱关系的相对效力具有内在影响"的假设。

如果说边燕杰首次明确提出"强关系假设"并得到初步验证的有效性是针对计划经济体制来说的，那么他和张文宏于1999年对天津劳动力流动的最新研究表明了"强关系假设"的持续效力：在1980—1992年的双轨制年代和1993—1999年的转型时代，运用社会网络渠道实现职业流动的比例不仅高于再分配时代，而且随年代推移不断上升。在这三个时代，使用强关系（亲

[1] Berger, Peter, L. & Hsin-Huang , Michael Hsiao(eds). "In Search of an East Asian Development Model.", Transaction Publishers, 1998.; Wong, Siu-lun."Shanghai Industrialists in Hong Kong.", Cambridge University Press.; Xiong, Ruimei. Sun, Qingshan & Xu, Zhisong. "Strength of Ties and Job Change Behaviors of Employees in Manufacturing Industries.", Sociological Journal of National University of Taiwan , 1986.(18).Nov., pp1-24.

[2] Bian，Yanjie & Ang, Soon. 1997. "Guanxi Networks and Job Mobility in China and Singapore.", *Social Forces* 75, pp981-1 006.

属和朋友）实现职业流动的比例一直占据着主导地位（84.9%—87.5%）。在社会关系提供的资源方面，由强关系所提供的人情，总的趋势是随着市场化进程的推进而不断上升，所提供的信息略有下降。而由弱关系提供的人情从20%增长到67.7%，所提供的信息的相对比例则大体保持不变。换言之，在中国社会网络（无论是强关系还是弱关系）的主要作用是提供人情或影响，信息是人情的副产品。这说明强关系假设不仅在再分配时代的职业流动中发挥着作用，而且在双轨制和转型时代发挥着更重要的作用。[1]

显然，这几项经验研究排除了经济制度是强弱关系效力发挥作用的必要条件这一假设。然而，问题仍然存在，即什么因素是影响强弱关系发挥作用的条件呢？

在中国、日本以及东亚的一些国家或地区中，尽管实行不同的社会经济制度，但这些国家共通的地方是，它们在传统上都受到儒家文化的影响，同属于儒家文化的文明圈。那么，一种可能的猜测是，不同的社会文化背景是强弱关系发挥作用的条件：在西方社会基督教文明背景下，弱关系占据优势；而在东方的儒家文化背景下，强关系占据优势。姑且把这称之第三种解释，即文化差异论。

要检验这一假设需要有效分离经济制度和文化环境这两种影响。在《找回强关系》一文中，边燕杰比较强弱关系之相对有效性时是把这两个因素混在一起的。实行市场经济制度的美国同时也以基督教文化为主宰，而实行计划经济的中国同时又处在儒家文化的怀抱中。因此，到底是制度环境还是文化环境对强弱关系的相对有效性起作用无法做出判断。需要指出的是，虽然边燕杰和洪询对中国与新加坡的比较研究的目的是想检验制度脉络是否对强弱关系的相对效力产生影响，但实际上他们的研究间接地支持

---

[1] 边燕杰、张文宏：《经济体制、社会网络与职业流动》，载于《中国社会科学》2001年第2期。

了文化差异论的观点。

以上的文献回顾显示出，强弱关系相对效力的命题仍然是理论发展中悬而未解的问题，有待进一步探索。

三、关系强度与网络结构

劳动力市场的关系强度论点关注求职过程中自我、关系人和/或帮助者之间关系的性质。格拉诺维特的"弱关系"理论指出，由于强关系把一伙经常互动的人联系在一起，所以它在群内传递的主要是多余的重复信息；而弱关系由于可以在不同群体之间扮演"桥梁"的作用，它往往是新信息的源泉，因此求职者利用弱关系更容易获得工作。格拉诺维特特别关注网络中"桥梁"的信息传递作用，他认为尽管强关系和弱关系都可以担当网络桥，但弱关系比强关系更可能成为桥。"与亲密朋友（强关系）相比，熟人（弱关系）彼此之间社会互动更少"。相应地，由于弱关系"更可能在自己圈子以外的交往圈中发展"，所以"那些只和外界保持弱关系的人就拥有结构性的优势，有更好的机会获得自己所不知道的职业信息"。[1] 林南进一步扩展了格拉诺维特的观点，通过强调弱关系在获取更好的社会资源中所发挥的作用，说明了弱关系和地位获得结果之间的关系，即弱关系带来更好的关系人，而关系人又产生更佳的结果。[2]

然而，一些研究发现，在控制了求职者的特点之后，关系强度和工资之

[1]　Granovetter, Mark. *Getting a Job : A Study of Contacts and Careers* .Cambridge : Harvard University Press. 1974, p52.

[2]　Lin, Nan. "Social Resources and Instrumental Action.", pp 131-145. in *Social Structure and Network Analysis*, Marsden, P. V. & Lin, Nan(eds). Beverly Hills, CA : Sage. 1982.

间不存在显著关联。[1] 布瑞基斯和维利麦兹（Bridges and Villemez，1986）基于这一发现指出："在劳动力市场上，关系的强弱维度不是个人关系的唯一的，或者说最重要的特点……未来的研究应该集中于求职过程中社会资源的其他维度及其作用"。[2]

蒙格麦瑞认为布瑞基斯和维利麦兹得出这样的结论过于草率。在他看来，格拉诺维特和林南等人对"弱关系"假说的经验分析主要集中于找工作时实际动用的关系类型，但是"网络资源"的观点认为，网络结构可能是关键的自变量。他运用经济学的找职模型考察了网络结构和劳动力市场结果之间的关系。在分析中，他引入了"保留工资"的概念。根据格拉诺维特和林南的研究可以推知，弱关系传递工作机会的概率比强关系高，或者弱关系传递的工作机会分布比强关系好。如果这样的话，那么保留工资就必然随着个人社会网络中弱关系比例的上升而上升。可以想见，个人社会网络中弱关系比例的上升会使求职者更为挑剔，因为他期望有更多或更好的工作机会。因此，在强弱两种关系传递工作机会的概率相等、工作机会分布的平均值相等的条件下，由于弱关系的分布比强关系更广，所以保留工资就会随着弱关系比例的上升而上升。正如研究职业搜寻的经济学家长期持有的观点，工作机会分布广度的增加会使搜寻更有价值，因为找职者只关注较高的分布，即超过保留工资的分布。所以，如果弱关系分布更广，弱关系比例的增加就提高了求职者找到更高工资的工作的机会，也就抬高了找职者的保留工资。因此，蒙格麦瑞提出，格拉诺维特和林南关于"弱关系"的假说可以进行这样的经验

---

[1] Bridges, William P. & Villemez, Wayne J. "Informal Hiring and Income in the Labor Market.", *American Sociological Review*, 1986(51), pp574-582; Marsden, Peter V. & Hurlbert, Jeanne S. "Social Resources and Mobility Outcomes：A Replication and Extension.", *Social Forces*, 1988(66), pp1 034-1 059.

[2] Bridges, William P. & Villemez, Wayne J. "Informal Hiring and Income in the Labor Market..", *American Sociological Review*, 1986(51), pp574-582.

检验：控制网络规模，察看保留工资是否随着弱关系比例的上升而上升。[1]

显然，在蒙格麦瑞看来，检验"弱关系"假说存在两种思路，一是察看动用弱关系找到工作的工资是否更高；二是察看工资是否随关系网中弱关系比例的上升而上升。蒙格麦瑞并没有否定"弱关系"理论，而是把这一理论的要义融入自己的网络结构的思路中。由此，我们可以进一步推出两个假设：一是资源丰富的网络比资源贫乏的网络包含有更多的弱关系。如果这一假设得到支持，那么随之而来的另一个假设就是，个人所拥有的丰富的社会网络与成功的关系（即带来某个工作的关系）为弱关系之间存在的正向关系。也就是说，丰富而异质的关系网络更容易促使弱关系发挥作用。

蒙格麦瑞的研究蕴含的一个重要启示就是，研究者应该更多地关注网络结构和劳动力市场结果之间的关系。沿着这一方向，伯特的"结构洞"理论走得更远。伯特（1992）认为，关系强度不应成为网络分析的重点，更重要的是要分析个人社会网络成员之间的关系模式。[2]在他看来，弱连带与个人网络所提供的特别信息量是相关关系，而非决定关系。个人从某个特定关系人那里获得的信息的价值取决于该关系人在个人网络中与他人联系的断裂（disconnections）情况。他因此提出了"结构洞"理论，用"结构洞"（structural holes）一词表示网络成员之间联系的断裂。所谓结构洞就是指非重复的信息源。不重复的信息源更有效率，因此富含结构洞的社会网络是最有效率的网络结构。个人社会网络中的结构洞越多，个人流动的可能就越大。波多尼和拜伦的一项研究证实了这一点。他们在研究中用"直接连接"表示个人与网络成员的连接，用"间接连接"表示网络成员之间的连接。结果发现，直接连接的数量对组织内部的向上流动具有正向作用，而间接连接的数量具有负

[1]　Montgomery, James D. "Job Search and Network Composition : Implications of the Strength-of-Weak-Ties Hypothesis.", *American Sociological Review*, 1992(57), pp586-596.

[2]　Burt, Ronald S. *Structural Holes : the Social Structural of Competition*. Cambridge : Harvard University Press, 1992.

向作用。也就是说，规模大而多余关系较少的网络有助于职业的进步。[1]

四、社会资本与人力资本

在劳动力市场上，有些人比别人享有更高的收入，有的晋升更快，有的据有更重要的职位。这是什么原因呢？以人力资本理论为代表的主流经济学家认为，劳动力市场上的这种不平等是由个体能力的差异所导致的，"个人之被雇佣、提升以及工资所得都决定于个人的生产能力"。[2]根据这种观点，人力资本是决定个体生活机会的关键因素，其基本命题之一是，教育作为人力资本投资的一种形式，具有提高生产力的作用，因而个人的生产力与收入水平、教育水平成正相关关系。[3]正如贝克尔（Becker）的先驱性分析所表明的那样，收入是教育的回报。

然而，格拉诺维特对这种解释提出了严厉批评。在他看来，经济学有关劳动力市场的研究存在两个错误的理论前提：一是"社会性孤立"。经济学中的人力资本理论假设了个体行动者可以独立于社会关系的影响、他人的决定与行为，以及过去的关系历史之外；[4]二是认为劳动力市场是一个开放和竞争的领域，有关工作岗位的规定与必需的技术和能力是容易相配的，可以获得的关于工作和申请者的信息是广泛分布的。格拉诺维特认为这两个假设"太狭窄"（too narrow），并将以此为基础建立的经济学的理论架构斥之为"低度社会化"（under-socialized）。他强调，个人行动实际上是镶嵌在社会

---

[1] Podolny, Joel M. & Baron, James N. "Resources and Relationships：Social Networks and Mobility in the Workplace.", *American Sociology Review*, 1997(62), pp673-693.

[2] [瑞典]斯威德伯格：《经济社会学原理》，周长城等译，北京：中国人民大学出版社 2005 年版，第 115 页。

[3] 张凤林：《人力资本理论及其应用研究》，北京：商务印书馆 2006 年版，第50—56 页。

[4] [美]格拉诺维特：《镶嵌：社会网与经济行动》，罗家德译，北京：社会科学文献出版社 2007 年版，第 108 页。

及经济关系的网络中，它深深地受到社会关系的限制，把他们视为相互独立的东西是极大的错误。[1] 由此他提出"镶嵌"的理论和范式，其基本的解释逻辑是从人们所处的具体的社会关系角度来解释人们的经济行为。换句话说，人们的行为因其所处的社会关系网络不同而异。[2]

显然，人力资本理论和社会网络理论展示了关于劳动力市场的两种不同的理论视角。一个现实的问题是，什么因素决定求职者选择使用关系或者其他的找职方式呢？根据人力资本理论，教育投资以及各种职业培训会产生较强的外部效应。教育不仅能够提高人们适应就业职位需求的能力，而且它还具有对不同的人的能力进行筛选、鉴别并向经济社会推荐的功能。文凭、学历或学位证书向社会准确传达了持有者所具有的能力的信号，企业因此而减少了搜寻求职者的信息所花费的成本。由此，一个可能的假设是，人力资本丰富的人更多地倚重劳动力市场的正式途径找职。但是，按照格拉诺维特的说法，"完全劳动力市场只存在于教科书中"，理性的求职观念在人们真实的求职过程中并没有派上多大的用场。[3] 人们确实都在找工作，但不是每一个人都能够找到工作，许多人是在别人提供了具体的工作信息时才去申请工作的。也就是说，有效的社会联系在求职过程中非常重要。格拉诺维特推断：不管能耐多大，优点多多，没有适当的社会联系，人们在求职中将处于不利地位。[4] 因此，另一个假设是，社会联系广泛的人更可能借助于非正式的途径求职。

博克斯曼等人（Boxman et al.）在一项对荷兰经理的研究中探讨了这个问

[1] Granovetter, Mark. "Economic Action and Social Structure: The Problem of Embeddedness.", *American Journal of Sociology*, 1985. 91（3）, pp481-510.

[2] 周雪光：《组织社会学十讲》，北京：社会科学文献出版社 2003 年版，第 120 页。

[3] Granovetter, Mark. *Getting a Job: A Study of Contacts and Careers*. Cambridge: Harvard University Press. 1974, p.25.

[4] [瑞典] 斯威德伯格：《经济社会学原理》，周长城等译，北京：中国人民大学出版社 2005 年版，第 92 页。

题。结果发现，若以教育程度代表人力资本，那些人力资本丰富的人通过非正式途径获得现职的比例较高，中级或高级职业培训或者只有中学水平的人通过非正式途径获取现职的比例则低一些，而受教育程度最低的那一部分人使用非正式途径的比例又高起来。从社会资本的角度来看，荷兰经理不仅在整体上非常多地通过非正式关系找职，而且，如果社会资本越丰富，就越多地借助关系途径。这项研究似乎表明，人力资本或社会资本丰富的人在求职过程中更可能通过非正式途径找职。不同的是，人力资本最欠缺的人也同样更可能通过非正式途径找职。[1]

　　显然，这项研究表面上是支持了社会资本理论。但由此产生的一个疑问是，人力资本和社会资本之间的关系如何？人力资本丰富的人是否其社会资本也同样丰富呢？通常，一种资源能够被用来产生其他资源。以往的研究就已经发现了在个人资源和网络之间存在关联，比如教育程度高的人倾向于拥有更大、更多样和更开放的网络，也即教育程度高的人其社会资本也丰富。[2]人力资本的另一种形式，即工作经历也是如此，工作经历丰富的人其社会资本也丰富。正如格拉诺维特所言，"当一个人换了一系列工作后，他/她所得到的绝不只是人力资本而已，更得到了，也是更难以被解释为投资现象的一系列同僚，这些人深知他/她的能力与品格"。[3]如果人力资本和社会资本之间存在这样的内在关联，那么如何来分辨人力资本和社会资本对找职方式的相对影响呢？这是在对人力资本和社会资本进行比较研究时需要格外关注的一个问题。

［1］ Boxman, Ed A.W. De Graaf, Paul M. & Flap, Hendrik D. "The Impact of Social and Human Capital on the Income Attainment of Dutch Managers.", *Social Networks*,1991(13), pp51-73.

［2］ Marsden, Peter V. "Core Discussion Networks of American." *American Sociological Review*, 1987(52), pp122-131; Fischer, Claude S. *To Dwell Among Friends : Personal Networks in Town and City*. Chicago : University of Chicago Press, 1982.

［3］ ［美］格拉诺维特：《镶嵌：社会网与经济行动》，罗家德译，北京：社会科学文献出版社 2007 年版，第 107 页。

自布劳和邓肯（Blau and Duncan）的经典研究以降，分层研究的文献充分证明了个人教育水平和职业地位之间存在正向联系。如前所述，社会网络的作用也已经获得经验研究的一致证实。由此，另一个引人关注的问题是，社会资本和人力资本哪一个对职业获得的影响更大？赵延东等人以武汉市471名下岗职工为研究样本，具体考察了下岗职工的社会资本（通过其社会支持网络可获得的资源）、人力资本（对教育、职业培训和健康等的投资）对能否再就业、再就业职业声望和再就业收入的影响。结果显示，社会资本仅对职工能否获得再就业有显著影响，而人力资本则不仅影响职工再就业机会的获得，而且影响着他们再就业的职业声望和收入水平。[1]然而，在他和王奋宇合作的另一项对城乡流动人口在城市中经济地位获得的研究中，尽管人力资本仍然对个人经济地位获得发挥着重要影响，但相对而言，社会资本在城乡流动人口的经济地位获得中的作用更大。[2]徐晓军在另一项研究中提出，人力资本存量在本科以下的，由于社会资本的运作空间很大，社会资本对于社会就业的贡献率大于人力资本；与之相反，在本科以上，社会资本的运作空间大大减小，因此，人力资本的就业贡献率占主导地位。[3]根据他的观点可以推论出，只有在人力资本不丰富的时候，社会资本才会在职业获得中扮演比较重要的角色；而对于人力资本丰富的人，人力资本相对于社会资本在职业获得中发挥更大的作用。以上这些相互矛盾的经验研究发现表明，眼下对社会资本和人力资本对职业获得的相对贡献问题仍然莫衷一是。

此外，第三个问题是人力资本与社会资本在职业获得结果上的相互作用。根据博克斯曼的研究，人力资本和社会资本在对职业收入的贡献中发生相互

---

[1] 赵延东、风笑天：《社会资本、人力资本与下岗职工的再就业》，载于《上海社会科学院学术季刊》2000年第2期。

[2] 赵延东、王奋宇：《城乡流动人口的经济地位获得及决定因素》，载于《中国人口科学》2002年第4期。

[3] 徐晓军：《大学生就业过程中的双重机制：人力资本与社会资本》，载于《青年研究》2002年第6期。

作用，社会资本没有提高人力资本的回报率，相反降低了人力资本的回报率：社会资本越多，人力资本的回报就越少；人力资本的回报在社会资本水平最低时最大。[1] 弗拉普和德格拉夫（Flap and Boxman，1998）的另一项研究发现，无论其人力资本处于什么层次，社会资本都会带来更高的收入，但是当社会资本处于高层次时，人力资本的回报会减少。据此可以推断出，人力资本在地位获得中对社会资本起到补充的作用。也即，当社会资本的值很高的时候，不管人力资本处于什么层次上，获得的地位都将很高；当社会资本的值很低的时候，人力资本对地位获得有着很强的影响。或者说，假定人力资本与社会资本都处于某种最低层次，社会资本将是解释地位获得的最重要的因素。[2]

概而言之，社会资本研究的一个很重要的理论指向就是和经济学进行理论对话，进行这种工作的一种直观有力的方式是把这两种理论放在一个具体问题的平台上，让两种理论直接交锋，检验在某一个具体问题上谁更有解释力。但在以往的职业获得研究中，对人力资本和社会资本进行比较研究的文献还不多，因此仍然存留许多令人置疑的地方。上面提出的三个相关问题还有待进一步研究来解决。

五、小　结

以上主要评述了以往有关社会网络与职业获得方面的研究，一个清晰的印象是，尽管在过去几十年中有关职业获得的研究已经取得了很大进展，但是这方面的研究仍然处在不断的发展之中，相关的许多问题还有待进一步的研究来澄清。另一方面，也许这些争辩的理论本身没有对错之分，只是各自适用的边界和条件不同而已。因此，对不同的理论主张进行细致的比较和区

[1]　Boxman, Ed A.W. De Graaf, Paul M. & Flap, Hendrik D. "The Impact of Social and Human Capital on the Income Attainment of Dutch Managers.", *Social Networks*, 1991(13), pp51-73.

[2]　[美]林南：《社会资本：关于社会结构与行动的理论》，张磊译，上海：上海人民出版社 2005 年版，第 95—96 页。

辨，廓清其适用的边界和条件，这应该是促进理论发展的一条快捷之路。然而，以往的大部分研究几乎都是在一个单项研究中提出自己的理论主张，再用经验资料进行验证，并将所得之结论推而广之到其他社会情境里。这种研究方式的一个缺点是给人以自说自话的印象，所得之结论并不令人十分信服。如果能在一份经验资料的基础上，同时并置相互对立的理论，由之导出命题和假设，进行检验，让这些观点对立的理论直接进行对话，得出的结论也许更有说服力。这是本研究的基本目的之一。为此，我们需要再次回顾以上提及的有关职业获得的理论，阐明其内在的机制，并由之导出相应命题和假设。[1]

第二节　理论回顾

一、弱关系理论

劳动力市场的经济学家很早前即已意识到，人们在寻找新工作时，多半透过个人的人际关系来找工作。这说明人们已经注意到关系在人们社会行为中所发挥的作用。那么，是什么关系对人的行为产生了影响呢？也就是说，从关系的哪个角度来具体考察关系发挥的作用呢？实际上，对于关系的变异性，可以从多个维度考察，比如从类别、数量等方面考察，但是格拉诺维特独辟蹊径，主要从转职者（job changers）和提供职业信息的人之间社会交往关系的特质来观察求职活动，由此提出关系强度的概念，将关系分为强关系

---

[1]　需要特别指出的是，相对于社会网络与职业获得方面已有的大量文献，本文只覆盖了其中的一部分。而且，相对于这一研究论域，本文所提出的几个问题也只是理论发展中的几个片段而已。当这些问题被解决之后，相信其他的问题又会浮出水面。当前，有关这一论题的研究仍然在不断增加，并无疑会继续下去。本文只是加入到推进这方面研究进程的共同努力中，也许这一点努力可以为未来的开花结果更走进一步。

和弱关系，认为强关系与弱关系在人与人之间、组织与组织之间、个体与社会之间发挥着性质根本不同的作用，在此基础上形成了著名的"弱关系"理论。

在格拉诺维特那里，关系（tie）指的是人与人之间、组织与组织之间由于交流和接触而存在的一种纽带联系。这种关系与社会学分析中的变量关系（relationship between variables）、阶级关系（class relations）不同，因为后两种关系只是人们的属性、类别的抽象关系。在现实中，处于这种关系的人并不一定有相互交流。而格拉诺维特所谓的关系指的是实际发生的，由于交流、接触所产生的那种纽带关系。[1]

在惯常的社会经济生活中，人们直觉的认识是强关系比弱关系更重要，弱关系在对个人生活等方面的影响上不如强关系。格拉诺维特的"弱关系"理论所表达的中心思想却是弱关系胜于强关系而具有优势。为什么呢？他认为原因有两个：第一，弱关系比强关系具有更好的信息传递效果。通过弱关系接触的人多半来自与自己不同的生活圈子，往往是不相似的，因此较有可能提供不同于惯常收到的信息，不容易发生信息浪费。而在强关系网络中，人们相互认识，交往者之间的频繁互动以及相似性使得强关系网络带来的信息往往是重复和多余的。这里提到的"相似"和"不相似"，指的是个体的特征，如性别、年龄、教育程度、职业身份、工资收入等等。所以就求职来说，拥有弱关系多的人可以拥有信息流通的优势，往往可以得到更多的工作机会而选择更好的工作。"那些只和外界保持弱关系的人就拥有结构性的优势，有更好的机会获得自己所不知道的职业信息。"[2] 第二，弱关系比强关系具有优势的更重要的原因是，它可以将其他群体的重要信息带给不属于这些群体的某个个体。就是说，弱关系充当沟通不同群体之间的信息桥。所谓桥，

---

[1]　参见边燕杰：《社会网络与职业获得》，载于《国外社会学》1999 年第 4 期。

[2]　Granovetter, Mark. *Getting a Job : A Study of Contacts and Careers*, Cambridge : Harvard University Press. 1974, p52.

即在一个网络当中，提供给两点之间唯一路径的一条线。桥可以促使信息或影响力从一个人际接触流动到另一个人际接触。格拉诺维特曾经断言，虽然并非所有弱关系都可以充当信息桥，但是，能够充当信息桥的必定是弱关系。[1]因此，弱关系比强关系能接触到更多的人，以及穿越更大的社会距离。"透过强连带而流传的谣言，比起透过弱连带，多半会被限制在少数人的小团体之中。其主要的原因便是没有跨越不同团体的桥。"因此，"弱连带的消失，对于信息传递的可能性造成的损失，比一般强连带的消失会更大"。[2]

如何确定关系的强度呢？格拉诺维特提出了四个维度：一是认识时间的长短，认识时间长为强关系，反之则为弱关系；二是互动的频率；互动的次数多为强关系，反之则为弱关系；三是亲密程度，亲密到无话不谈的程度为强关系，反之就是弱关系；四是互惠性服务的内容，互惠内容多、范围广则为强关系，反之就是弱关系。他认为连带的强度可能是"认识时间的长短"、"互动的频率"、"亲密性"（相互倾诉的内容）及"互惠性服务的内容"这四个要素组合起来的线性函数。根据这四个要素可以将人与人之间的连带分成强连带、弱连带以及无连带。

在经验研究中，格拉诺维特询问那些通过个人的人际接触来寻找新工作的人，在对方传递工作信息给他们的期间，他们多长时间会见到对方？并以此作为测量连带强度的标准。具体而言，他采用以下的分类来测量接触的频率：经常（often）指的是一个星期至少两次；偶尔（occasionally）指的是一年至少一次，但是比一个星期两次要少；很少（rarely）指的是一年一次或者更少的碰面机会。调查结果显示，在那些透过交际连带谋职的人中，有16.7%的人指出在这段时期内他们经常看到他们的信息提供者，55.6%的人说是偶尔，

---

[1] Granovetter, Mark, "Economic Action and Social Structure: The Problem of Embeddedness.", *American Journal of Sociology*, 1985.(91)3, pp481-510.

[2] [美]格拉诺维特：《镶嵌：社会网与经济行动》，罗家德译，北京：社会科学文献出版社2007年版，第75页。

另有 27.8% 的人说很少。结果很清楚地表明就业信息主要不是通过市场，而是通过社会关系网络传递的，而且在运用关系的人中，83% 是透过弱关系谋职的，明显偏向于弱关系这一端。[1]

格拉诺维特的研究工作的理论意义在于对经济学有关劳动力市场研究直接发起了挑战。经济学家把求职者看作是"社会性孤立"的，而且认为劳动力市场是一个开放和竞争的领域，有关工作岗位的规定与必需的技术和能力是容易相配的，可以获得的关于工作和申请者的信息是广泛分布的。而格拉诺维特明确地提出了"镶嵌"观点，即个人行动实际上是镶嵌在社会及经济关系的网络中，它深深地受到社会关系的限制，从而开辟了从社会网络视角研究劳动力市场的新的研究方向。在他之后，一系列围绕地位获得方面的理论和经验研究沿着这一理论方向展开。

二、社会资源理论

如前所述，格拉诺维特主要是从工作机会的角度强调弱关系相对于强关系在求职方面的优势。他的弱关系理论指出，在求职过程中，弱关系之所以比强关系有优势，原因在于弱关系可以带来更多的职业信息。一个弱关系多的人，其社会网络的范围会很大，收集到的职业信息就会很多。但是，格拉诺维特没有指出，对弱关系的接触或者从弱关系（而非强关系）中获得帮助，会导致人们获得更高的工作地位。将关系强度与职业地位获得联系起来开展研究的学者首推林南。

林南等人的"小小世界"研究中间接地暗示了关系强度与地位获得之间的联系。他们在研究中要求参与者将包裹通过让熟人转交的方式送到目标者手里。结果发现，与不成功的链条相比，成功的链条（那些包裹被成功地转

---

[1] Granovetter, Mark. *Getting a Job : A Study of Contacts and Careers*, Cambridge : Harvard University Press, 1974.

交给目标者）中含有一段从较高地位的中间人到最后的节点的过程（在等级中朝着目标者的位置下降）。成功的链条也涉及有更广泛的社会联系的节点（那些声称有更多社会关系的人），以及往往把包裹转交给他们最近没有看到的人（弱关系）的节点。

在这些研究的基础上，林南提出了社会资源理论。社会资源指的是"财富、地位、权力以及那些与个人直接或间接有关系的人的社会关系"。这个概念包括两种成分：社会关系以及通过这些关系所获得的位置提供的资源。这一概念与在社会流动和地位获得文献中所描述的个人资源概念形成对照和补充。个人资源包含的是个人的财富、权力和地位，而社会资源则包含在关系人的位置中，个人是通过他的社会网络抵达这一位置的。社会资源理论的一个基本理论预设是把社会理解为一个资源的宏观结构，这个宏观结构由位置、权威、规则和代理人这四个要素共同界定的。第一个要素将资源的嵌入性与社会位置联系起来。资源不与具体的社会个体相联系，而是依附在位置上。位置的占据者可以改变，但位置拥有的嵌入性资源是稳定的。第二个要素描述了位置之间的关系。权威可以在任何一对位置之间确认相对的等级。具体可以定义为对有价值资源的相对控制和获取机会。第三个要素表达了在有价值资源的使用和控制中，指导位置之间互动的程序和规则。第四个要素是位置的占据者，他们被要求按这些规则和程序行动。总之，社会结构与它们的资源通常可以归结为在这四个要素上有不同表现的连续体。[1]

社会结构的一个突出特点就是它的等级制。在等级制结构中，位置被权威控制链连接起来。较高位置的占据者可以在规则和程序基础上合法地支配较低位置占据者的行为，可以处置较低位置所嵌入的资源。一言以蔽之，较高位置可以对较低位置合法地行使权力。换言之，在等级制结构中的位置越

---

[1] ［美］林南：《社会资本：关于社会结构与行动的理论》，张磊译，上海：上海人民出版社 2005 年版，第 32—33 页。

高，可获得的结构资源就越好。社会结构的另一个突出特点就是其结构位置在分布上呈现出一个金字塔形状的一般趋向：在控制链中的层次越高，位置与占据者的数量越少。[1] 权威集中在很少的位置与占据者手中。在顶层只有很少的位置与占据者，他们不仅控制着最多的绝对和相对数量的有价值资源，而且拥有结构中关于资源位置的最全面信息。[2]

因此，社会资源理论的中心思想是，社会是由附含不同价值资源量的一组位置组成的结构，这个结构按资源的附含量以及资源的可获取性形成了金字塔状：位置越高，占据者越少，位置的资源附含量越大。在这样一个结构中，个体为了表达性和工具性目采取行动。对于工具性行动，好的策略会使自我接触到等级地位更高的关系。这些关系能够很好地对位置施加影响，从而有利于自我的利益。

与格拉诺维特的"弱关系"理论一样，林南的社会资源理论的一个重要的理论根据就是同质性原理。根据这一原理，社会互动倾向于在有相似的生活方式和社会经济特征的个体之间发生。而且，霍曼斯（Homans）的小群体研究发现，互动、情感和活动之间存在着互惠关系与正相关关系。个体互动越多，就越可能共享情感和参加集体活动。[3] 因此，根据同质性互动原理，强关系把具有类似属性的人连接起来。也就是说，由于特点相似的人之间常常发生互动，所以特点相似的人之间容易结成强关系。从这一原理进而可以推论，异质性互动原理应当在弱关系中表现更突出。因此，可以获得这样一个假定，在求职时弱关系将比强关系提供给求职者更广泛的关系，这就使求

---

[1] Lin, Nan. "Social Resources and Instrumental Action.", pp131-145, in *Social Structure and Network Analysis*, Marsden, P. V. & Lin, Nan(eds). Beverly Hills, CA : Sage. 1982.

[2] [美]林南：《社会资本：关于社会结构与行动的理论》，张磊译，上海：上海人民出版社2005年版，第34—35页。

[3] [美]林南：《社会资本：关于社会结构与行动的理论》，张磊译，上海：上海人民出版社2005年版，第37页。

职者更有可能接触那些拥有与工作有关的信息和影响的人。[1]

但是，异质性原理并不能成为社会资源理论和弱关系理论之间的连接纽带。林南是用声望原理把社会资源和弱关系两个理论联系在一起的。所谓声望原理就是与结构中较高地位者接触的趋势。社会资源是按照社会等级结构分布的，与工作有关的信息和影响也是如此。当个人与结构中较高地位的人联系时，他获得有关工作的信息和影响的机会就越大。因此，如果求职者希望将他们寻找关系——与工作有关的信息和影响的源泉——的机会最大化，那么应当发挥作用的是声望原理而非异质性原理。换句话说，如果使用弱关系，则有助于接触上面的位置，因为相对于自我在等级制中的位置，这些弱关系更可能是纵向的（可能向上）而不是横向的延伸。

根据社会资源理论，林南提出三个命题：一是社会资源命题，即社会资源（如在社会网络中获取的资源）对工具性行动（如地位获得）有影响；二是地位强度命题，即社会资源反过来被自我的初始位置（可以由父母的资源或先前的资源来代表）所影响；三是关系强度命题，即社会资源被弱关系而非强关系的使用所影响。[2]

在一项经验研究中，林南、恩赛尔和沃恩分析了社会资源和社会关系强度两种结构因素对地位获得的作用。根据弱关系理论和社会资源理论，可以有以下推测：（1）弱关系对个人寻找较高地位的关系人比强关系有优势。（2）求职时所使用的关系强度与一个人获得的职业地位呈负相关关系。即弱关系比强关系更有助于求职者找到理想的工作。（3）当一个人求职时，他将

---

[1] 在同质性互动中，由于互动者拥有相似资源（如财富、声望、权力）而可以彼此进行交换，所以同质性互动的发生容易理解。但异质性互动是如何发生的呢？换句话说，是什么驱动异质性互动发生的呢？林南认为参与互动的地位高的一方主要是为了强化群体的团结以及使自己的声望在社会网络中得到传播。详见 [美] 林南：《社会资本：关于社会结构与行动的理论》，张磊译，上海：上海人民出版社 2005 年版，第 146—158 页。

[2] [美] 林南：《社会资本：关于社会结构与行动的理论》，张磊译，上海：上海人民出版社 2005 年版，第 76—79 页。

通过与等级结构中的上层人物的关系而获得提升,也即拥有更多的社会资源。因此假定,获得较多社会资源与职业地位获得呈正相关关系。(4)个人的社会资源受个人资源的正向影响。研究结果发现,求职者引发的社会资源同他获得的工作地位显著相关。求职者是否使用高地位的关系人依赖于他的个人资源和弱关系的使用。[1]

三、强关系理论

格拉诺维特的弱关系理论的一个核心内容是,弱关系相对于强关系具有信息传递的优势。因为弱关系连接的往往是不相似的人,所以能够带来新的有价值的信息。而在强关系网络中,人们频繁互动以及相似性使得强关系网络带来的信息往往是重复和多余的。格拉诺维特的这一理论发现是基于西方社会而提出来的。它在中国社会中是否同样有效呢?

中国社会是一个以伦理为本位的社会。长期以来,中国社会以关系作为经济和社会组织的一个指定原则。[2]儒家传统按照关系的地位来界定个人。关系的一个基本特征是熟识性或紧密性:对任何两个想要发展关系的人来说,他们必须彼此非常熟悉并彼此共享许多东西。换言之,关系是在具有强联系而非弱联系的人之间形成的。关系并不仅仅是一种联系,而且是双方交换有价值的物质或感情的一种纽带。关系的另一个特征是可信赖性,这是相对长期互动的结果和未来交换关系的基础。由于通过关系网促进的交换并未被正式或合法地制度化,这种信任是一种关系连接的必要组成部分。[3]

---

[1]　Lin, Nan. Ensel, Walter M. & Vaughn, John C. "Social Resources and Strength of Ties : Structural Factors in Occupational Status Attainment.", *American Sociological Review*, 1981(46), pp 393-405.

[2]　Bian, Yanjie. "Bringing Strong Ties Back In : Indirect Connection, Bridges, and Job Search in China.", *American Sociological Review,* 1997(62), pp366-385.

[3]　Bian, Yanjie & Ang, Soon. "Guanxi Networks and Job Mobility in China and Singapore.", *Social Forces*, 1997(75), pp981-1 006.

这些有关中国人关系的研究表明，在中国社会文化背景下，人们之间的各种人情交换往往发生在由强关系连接的社会网络中。信息也不例外，没有一定强度的人情关系，很难传递有价值的信息资源。特别是在计划经济条件下，短缺的物品在市场上是买不到的，而通过人情关系则可以得到；人情关系越强，托人办事的成功率就越大。这种生活情况是怎样影响求职的呢？

边燕杰在《找回强关系》一文中发现，在工作分配制度时期，中国的转职者并非是通过弱关系来实现职业流动的，相反他们往往借助于亲戚、朋友等强关系的帮助达到目的。个人的社会关系网络主要用于获得工作分配实权人物的影响而不是用于收集就业信息。这是因为在计划体制时代，个人的职业获得是通过国家计划分配来完成的。个人在这一过程中只能服从国家的分配，而不能由个人自由自愿决定。而且，有关职业的信息并不在社会上公布，而是为国家各级行政机关所控制。因此，获得职业信息并不重要，即使得到了职业信息，要是没有关系人施加影响也是枉然。在这种情况下，是否能够得到工作分配主管部门的了解，得到工作分配决策人的照顾决定求职结果好坏的关键。在这一过程中，人情关系的强弱是至为重要：人情关系强，得到帮助而获得好工作的可能性就大；反之，人情关系弱，得到帮助的可能性就大大降低；而没有人情关系的，除偶然的例外，是不会得到照顾的。[1]

为什么是强人情关系在个人职业获得过程中占有优势呢？边燕杰认为原因主要有两个：一是义务问题。人情关系的实质是情意、实惠的交换。强关系往往表明这种交换已经在主客双方长久存在，相互的欠情、补情的心理，使得有能力提供帮助的人尽力在对方请求下提供帮助。二是信任问题。人情关系的交换是违背正式组织原则的，但如果是强关系，主客双方的信任度提高，就能降低由"东窗事发"所引来的不必要的麻烦。所以，强关系应比弱关系占有优势。

[1] 边燕杰：《社会网络与职业获得》，载于《国外社会学》1999 年第 4 期。

对于格拉诺维特的弱关系理论，边燕杰的强关系理论提出的一个重要挑战就是有关网络桥的问题。格拉诺维特的弱关系理论的一个核心依据就是认为弱关系可以充当沟通不同群体之间的信息桥。用格拉诺维特自己的话说就是，虽然并非所有弱关系都可以充当信息桥，但是，能够充当信息桥的必定是弱关系。但边燕杰在中国的个案中发现，强关系比弱关系更有可能成为帮助者与求职者之间的桥梁。只不过，这里的桥梁传递的是影响而不是信息。因此，工作分配制度为建立影响网络创造了可能性，这种影响通过强关系在没有联系的求职者和工作分配实权人物之间搭建了一座"桥梁"。也就是说，对于多数人来说，他们并不能和主管分配的实权人物建立直接的强关系，必须通过中间人建立关系，而中间人与求职者和最终帮助者双方必然都是强关系。因此，强关系而非弱关系可以充当没有联系的个人之间的网络桥梁。

边燕杰认为，强关系可以充当桥梁的原因在于，将个人与非剩余资源联系起来的行为一般属于不被认可行为，要做到这一点需要基于信任和义务的强关系。强关系虽然不可能像弱关系那样将分布范围更广的沟通网络联系起来，但它在建立中国关系网的桥梁以获得影响方面被证明是必需的，因为共同的第三方提供了最终将求职者和控制工作的代理人联系起来的信任和义务。相比之下，弱关系则缺乏这些特征，因此不可能在传递影响的网络中发挥桥梁功能。

自格拉诺维特以来的学者都把注意力放在求职过程中动用的直接关系上。但是在中国工作分配的条件下，工作分配的决策权集中于政府各级行政机关及其负责人手中。在这一科层体系中，掌握这一权力的决策者在数量上属于少数。因此对于求职者来说，大多数人并不能和主管部门、分配的决策者建立直接关系，而必须通过中间人找到主管部门、分配的决策者。在这一关系链条中，中间人与求职者、与最终提供帮助的人都是强关系。因为如果求职者和中间人的人情关系弱，中间人未必会为求职者尽力去连接最终帮助者。

同样，如果中间人和最终帮助者的人情关系弱，则最终帮助者也未必愿意接受中间人所托的帮助请求。这说明，检验强关系假设必须考虑间接关系。因为只有少数求职者与高层实权人物有关系，多数人必须运用间接关系来获得影响。边燕杰在中国的个案中发现，在45％的通过间接关系（通过中介人的关系）找到帮助者的被调查者中，尽管被调查者和帮助者的关系比那些利用直接关系的人更弱，但他们同中介人的关系都是强的。

基于这一经验研究，边燕杰提出在研究社会网与职业获得时，需要注意的三个问题：第一，必须区分个人网络中流动的资源是什么。具体地说，就是把信息和影响区分开。虽然弱关系在传播信息中是有效的，但基于信任和义务的强关系在接近代价更高和更难获得的影响时更有优势。第二，必须重视社会制度背景，关系强度与劳动力市场关系的假设必须在具体的社会制度背景中提出。在市场经济的社会背景中，求职者更经常地通过弱关系而非强关系获得职业信息。但在中国的社会背景下，当影响而非信息通过个人网络流动时，通过强关系而非弱关系更容易建立求职通道。第三，必须仔细建立求职中直接和间接联系的模型。如果求职者与最终帮助者之间的关系确实是他们与中介者关系的结果，那么在做出关系强度和求职的概括前，必须研究这种三维关系（triadic connections）。间接关系一般比直接关系在帮助求职者接近较高级别的帮助者时更有效。[1]

四、结构洞理论

自从格拉诺维特提出"弱关系"理论以来，研究者一直将关注的焦点放在关系的性质与职业获得上，即考察关系强度对职业获得的影响，然而伯特提出了社会网络中的"结构洞"理论，将人们的视线引向了网络结构，开辟

---

[1]　Bian, Yanjie. "Bringing Strong Ties Back In : Indirect Connection, Bridges, and Job Search in China.", *American Sociological Review*, 1997(62), pp366-385.

了一条新的理论思路。

伯特的《结构洞》一书的主题就是探讨身处社会联系网中的行动者（players）是如何展开竞争的。伯特认为，无论主体是个人还是组织，其拥有的社会网络从根本上说有两大形态：第一种是社会网络中任何主体与其他每一主体皆发生联系，不存在关系阻断的情况，从整个网络来看就是没有洞，是无洞结构；第二种是社会网络中的某个或某些个体与有些个体发生直接联系，但与其他个体不发生直接联系。无直接关系或关系阻断（disconnection）的现象，从网络整体看好像网络结构中出现了洞穴，伯特称这些间断所形成的洞穴为"结构洞"。比如在 A、B、C 的网络中，如果 AB 相联，BC 相联，而 AC 不相联，则 AC 就是一个结构洞。[1] 因此，所谓结构洞，是指竞争场域中行动者之间的联系断裂或不均衡。结构洞意味着信息获取、及时、举荐和控制等方面的优势。竞争的优势就是结构洞的问题。伯特认为，多数竞争行为及其结果都可以根据行动者在竞争场域的社会结构中所拥有的"洞"来理解。[2]

生活中处处都有机会出现。一个关系网络的信息收益（information benefits）决定了谁能够获知这些机会，何时获知，以及谁能够得到机会。因此，关系网络的结构模式决定了关系拥有者从关系网获得的回报率的高低。具体而言，信息收益有三种形式：摄取（access）、时机（timing）和举荐（referrals）。社会网络相应地具有三种重要功能：（1）摄取。摄取指的是获取一条有价值的信息以及知道谁可以使用信息。因为在竞争性场域中，信息并不是均匀分布的。（2）及时。处在"结构洞"位置的人，可以比其他人更快地获得不能通过公开渠道传播的信息。此外，他所接收的信息是经过加工、过滤的，可

---

[1] 边燕杰：《社会网络与职业获得》，载于《国外社会学》1999 年第 4 期。

[2] Burt, Ronald S. *Structural Holes : the Social Structural of Competition*. Cambridge : Harvard University Press, 1992, pp1-2.

以省去信息筛选的成本。（3）推荐。由于处在战略位置上，他可以充当不同社会圈子的中介或桥梁，从而可以在合适的时间和地点举荐与其有关系的竞争者，帮助竞争者把握最好的机会。所谓控制优势是指某些竞争者在协调竞争关系时获得的益处，在信息不对称、信息不准确或曲解的情况下，他可以利用一方来反对另一方，并从中得利。[1]

因此，伯特认为社会网络就是一种社会资本。社会网络作为一种资本，必然涉及投资和获益的问题。如何来经营或者建构社会网络才能使成本最小、收益最大呢？伯特提出最优网络的两条原则：（1）效率。即最大限度地扩展关系网中的非多余（nonredundant）关系人，以便使每个关系人最大限度地产生结构洞。换言之，就是在建构关系网络时避免重复的关系网络。因为重复的信息源将导致效率低下。（2）绩效。即把主要关系人和次要关系人区分开，目的是在投资时把资源集中于建立和维持这些主要关系人身上。换言之，个人在建构关系网络时不需要把所有关系都建立起来，而只要建立某些主信息源以打通各个异质性的信息群体，通过主信息源来维持、沟通次信息源。这样不仅可以节省资源，获得的信息也更多。[2]"结构洞"一词表示的是网络成员之间联系的断裂，也就是说，它指的是非重复的信息源。不重复的信息源更有效率，因此富含结构洞的社会网络是最有效率的网络结构。个人如果能够在社会网络中尽可能多地搭建结构洞，则个人的收益就会最大化。

结构洞理论区别于关系强度理论。伯特认为，关系强度不应成为网络分析的重点，更重要的是要分析个人社会网络成员之间的关系模式。在他看来，弱连带与个人网络所提供的特别信息量是相关关系，而非决定关系。个人从某个特定关系人那里获得的信息的价值取决于该关系人在个人网络中与他人

---

[1]　Burt, Ronald S. *Structural Holes : the Social Structural of Competition*. Cambridge : Harvard University Press.1992, pp13-15.

[2]　Burt, Ronald S. *Structural Holes : the Social Structural of Competition*. Cambridge : Harvard University Press.1992, pp20-23.

联系的断裂（disconnections）情况。结构洞理论与弱关系理论的区别主要体现在两个方面：第一，竞争性结果的原因不是关系强弱的程度，而在于关系延展所产生的结构洞。关系的强度只是相关关系，而非因果关系。结构洞理论直接抓住了因果性因素，所以为理论发展提供了更加坚实的基础，也对经验研究提供了更清晰的指导。第二，通过把注意力从结构洞所具有的信息利益（information benefits）转向提供这些信息利益的关系强度，弱关系理论遮蔽了结构洞的控制利益（control benefits）。从很多方面来说，控制利益比结构洞的信息利益更重要。[1]

　　结构洞理论有四个特点：第一，竞争的实质是关系的竞争，而非竞争者的个人特点。结构洞理论摈弃了社会科学研究中根据个人特点来进行解释的一贯做法，认为那些能够创造结构洞的关系会给竞争者带来更高的回报率。在竞争者身上交错的各种关系人——黑人、白人，女人、男人，老年人、年轻人，富人、穷人——与解释无关。竞争与竞争者的个人特点没有关系；重要的是具有生产性的关系。对于竞争的结果来说，个人特点只是相关关系，而非因果关系。研究者需要丢弃个人特点和行为结果之间的虚假相关，而应该探寻那些导致结果的潜隐的社会结构性因素。第二，竞争是突显的，而非可以观察到的。结构洞是看不见的非多余关系，这些关系只有在缺失的时候才能被发现。结构洞理论不是一个竞争性关系的理论。它是关于关系收益的竞争理论。为了解释竞争性结果的差异，应该忽略竞争者本人而关注他们所处的关系的状况。真正的竞争存在于竞争者本人之外，存在于这些竞争者同其他竞争者讨价还价时所占有的关系。第三，竞争是一个过程，而不仅仅是结果。除了个别理论以外，大多数有关竞争的理论都关注的是竞争留下的结果。但结构洞理论关注的是竞争者在竞争过程中存活下来所依靠的关系。结

---

[1] Burt, Ronald S. *Structural Holes : the Social Structural of Competition*. Cambridge : Harvard University Press.1992, pp26-29.

构洞决定了行动者在竞争中占有的竞争优势的性质和大小。第四，不完备竞争的实质是自由，而不仅仅是权力。结构洞理论是关于个人自由竞争的理论。其理论的焦点是自由而非权力，是竞争而非绝对的控制。这四个特点不是各自孤立的，它们共同表达了结构洞理论的特点。[1]

依据结构洞的理论，伯特提出了经济竞争的社会学新观点，认为竞争优势不但是资源优势（有权、有钱、有地位等等），而且更重要的是关系优势。所谓关系优势就是，占有结构洞多的竞争者，关系优势就大，获得较大经济回报的机会就高。换言之，一个人或一个组织要想在竞争中获得、保持和发展优势，就必须与相互无关联的个人和团体发生广泛的联系，以争取信息和控制优势。[2] 总之，结构洞理论的核心思想是，个人的竞争行为和结果可以根据个人在竞争性的社会结构中的"结构洞"来解释。

如何来测量结构洞呢？非多余的关系人从一定意义上说就是关系人之间的联系断裂，这种断裂或者是直接的，即关系人彼此之间没有直接联系；或者是间接的，即某个关系人所拥有的关系中不包括其他的关系人在内。因此，结构洞就可以经验性表示为密度（cohesion）和等结构（structural equivalence）的缺失。根据密度标准，当两个关系人由强关系连接时，对你来说，他们两个互为多余关系。因为你与这两个人中的任意一个建立关系，都可以同时直通到另一个。强关系意味着缺乏结构洞。等结构是探察结构洞的另一个指标。假如两个人各自所拥有的关系人都是同一群人，那么这两个人就属于结构性相等的情形。在这种情况下，由于这两个人都通向相同的信息源，因此他们就互为多余关系。总之，密度涉及的是直接联系；而等结构涉及的

[1]　Burt, Ronald S. *Structural Holes : the Social Structural of Competition*. Cambridge : Harvard University Press.1992, pp3-7.

[2]　边燕杰：《社会网络与职业获得》，载于《国外社会学》1999年第4期。

是间接联系。[1]

伯特认为社会资本的网络结构受到网络限制、网络规模、网络密度和网络等级制等因素的影响。（1）网络限制与社会资本负相关：围绕某个人而形成的网络限制了中介机会的出现，网络直接或间接地集中在某个单独的人身上。网络限制越多意味着结构洞越少。（2）网络规模与结构洞的社会资本正相关：在一般情况下，网络规模越大，网络中的成员占有结构洞的机会就越多，因而所拥有的社会资本越丰富。在网络规模确定的情况下，网络中非剩余的关系越多，相应的社会资本越丰富。（3）网络密度与结构洞的社会资本负相关：网络密度越低，网络成员中的结构洞越多，社会资本越丰富；相反，网络密度越高，社会资本越贫乏。（4）等级制与社会资本负相关：等级制测量的是间接联系集中于一个中心关系人（contact）的程度。集中度越高，社会资本越贫乏。[2]

在经验研究部分，伯特对 77 家美国制造业公司的调查显示，纯收入与总销售额的比率不断上升与公司所拥有的结构洞位置的增加是正相关的。换言之，市场所拥有的结构自主性越高，其所受到的超越市场的限制越小。[3] 对公司经理的研究揭示，拥有丰富结构洞的经理人，那些跨越两个或多个社会圈子的管理者，那些拥有企业家网络和机会网络的人，那些在等级制网络中拥有战略伙伴的人，比他们的同行更早地提升到当前的位置。[4] 这些结果表明，结构洞理论在组织和个体层次都是有效的。

[1] Burt, Ronald S. *Structural Holes : the Social Structural of Competition*. Cambridge : Harvard University Press.1992, pp18-20.

[2] 张文宏：《中国城市的阶层结构与社会网络》，上海：世纪出版集团 2006 年版，第 57 页。

[3] Burt, Ronald S. *Structural Holes : the Social Structural of Competition*. Cambridge : Harvard University Press.1992, pp92-100.

[4] Burt, Ronald S. *Structural Holes : the Social Structural of Competition*. Cambridge : Harvard University Press.1992, pp128-154.

五、人力资本理论

当代西方经济学认为，资本存在两种形式，即物质资本和人力资本。体现在物质形式方面的资本为物质资本，体现在劳动者身上的资本为人力资本。一般说来，劳动者的知识、技能、体力（健康状况）等构成了人力资本。换言之，体现于劳动者身上的以其数量和质量形式表示的资本就是人力资本。[1]

人力资本理论的渊源最早可以追溯到 17 世纪英国古典经济学的奠基人威廉·配弟（William Petty）。他有一句名言："土地为财富之母，而劳动则为财富之父和能动要素。"第一个明确提出人力资本概念的经济学家是亚当·斯密。他很早就明确地把人们经过教育而获得的生产技能归入资本，从而在实际上提出了人力资本的概念。[2]

现代人力资本理论基本框架的形成直接受惠于舒尔茨（Theodore Schultz）、明塞尔（Jacob Mincer）和贝克尔（Gary S. Becker）的重要贡献。舒尔茨在 1960 年就任美国经济学会会长时，发表了题为"论人力资本投资"的演讲，系统地阐述了人力资本理论。他认为，与体现在物质产品上的物质资本一样，人力资本体现于劳动者身上，通过投资形成由劳动者的知识、技能和体力健康状况所构成的资本。换言之，体现在劳动者身上并以其数量和质量表示的资本就是人力资本。贝克尔则从人力资本形成的角度来定义。他认为通过增加人的资源从而影响未来的货币收入、心理收入以及消费的活动就是人力资本投资。"这种投资包括正规学校教育、在职培训、医疗保健、迁移以及收集价格和收入的信息等多种形式。"[3]

---

[1] ［美］加里·S. 贝克尔著，梁小民译：《人力资本》，北京：北京大学出版社 1987 年版，中文本序言，第 5 页。

[2] 张凤林著：《人力资本理论及其应用研究》，北京：商务印书馆 2006 年版，第 2—7 页。

[3] ［美］加里·S. 贝克尔著，梁小民译：《人力资本》，北京：北京大学出版社 1987 年版，第 1 页。

毫无疑问，人是社会生产中最能动、最活跃的因素。任何生产活动都要靠人来进行。那么人的能力又是怎样形成的呢？以往大多数经济学者将人力视为一种单纯由先天的自然条件形成的禀赋，都相当程度地忽视了后天因素对人的能力的作用和影响。人力和土地等自然资源一样被视为一种"均质"的生产要素，似乎除了先天的差别以外，各个人的生产能力基本上没有多少差异。而现代人力资本理论认为，人的能力是多种因素相互作用和综合影响的结果。这些因素即包括了种族、遗传等等先天因素，也包括教育与学习机会、生产实践、社会环境等后天因素。而且，从动态的、发展的、持久的角度来观察人在其一生中的能力形成和发展过程，后天因素比先天因素更为重要。

既然人的能力的形成和发展主要是后天学习和实践活动的结果，那么在这个过程中就需要耗费资源，换言之，人们要想不断地提高自身能力，就必须对自身的智力、体力以及其他各方面素质进行投资。从这个意义上说，人的能力是经济社会塑造的结果，它作为经济投入的一种产出其形成机制与物质资本并无任何本质区别。

尽管许多学者对人力资本概念所包含的能力类型存在这样或那样的分类，但无论怎样划分，所谓人力资本都是指的通过人力资本投资所开发形成的人的各种能力的总和。这些能力蕴涵于人的身体中，它们具体又可以划分为多种形态。简单地，大致将人力资本划分为三种形态：其一是体能或身体素质，表现为体力、耐力以及寿命期等等；其二是智能或科技文化素质，表现为知识水平、操作技能以及认知与创新能力等等；其三是"德行"或道德素质，表现为道德水准、意志品格与生活态度等等。一个人在这三方面的素质越高，其人力资本的含量就越大，从而其从事经济活动的能力也就越强；反之，则相反。

人力资本是通过人力投资形成的资本。对于人力的投资是多方面的。根据舒尔茨等人的概括，在现实中，人力资本投资的内容与物质资本截然不同，大致有五种形式：第一，是保健投资（health care）。所谓保健投资指的是通过对医疗、卫生、营养、保健等项服务进行投资来恢复维持或改善人的健康水平，进而提高人的生产能力。由于人的健康状况决定了人的体力，即人的寿命、肌体活力、力量强度、耐久力等等，而它们又是人的智力或精神活动的基础或载体，因此，保健投资便成为其他各种人力资本投资的重要前提和基础。第二，是教育投资（education，或 schooling）。教育投资是指以一定的成本支出为代价来获得在各种正规的学校里系统地接收初等、中等、高等文化知识教育的机会这样一种智力活动，它是整个人力资本投资中最核心的组成部分。之所以这样说，是因为人的科学文化知识与技能知识完全是通过后天的学习获得的，故而教育担负着塑造人的科学文化素质的重大职能。此外，教育还具有陶冶人的品格、驯化道德、更新观念的社会作用。第三，职业培训（vocational training）。所谓职业培训主要是指在正式的学校以往由企业或其他机构为职工提高生产技术、学习和掌握新技能而举办和提供的教育与培训，像各种技术培训班、职工夜校、学徒制、现场技术示范活动等等，都属于此种投资形式。第四，人力迁移投资（mobility，或 migration）。所谓人力迁移投资，就是指通过花费一定的成本支出来实现人口与劳动力在地域间或产业间的迁移与流动，变更就业机会，以便更好地满足人民自身的偏好，创造更高的收入。第五，是信息投资（investment in information）。所谓信息投资指的是通过花费一定的成本来获取有关商品价格、就业机会等等市场经济活动中的信息，以实现主体经济决策最优化这样一种行为。[1]

在林南看来，教育与工资之间的关系研究构成了人力资本分析的核心领域。因为受教育水平被当作技能和知识投资的一个主要指标，所以它成为了

---

[1]　张凤林：《人力资本理论及其应用研究》，北京：商务印书馆 2006 年版，第65—72 页。

个人在劳动力市场的主要资本，可以使劳动者进入好的公司并获得高薪。[1]
明塞尔（J.Mincer）就认为，不同的人力资本投资决定了个人之间收入分配的
不同。这是因为，不同的职业需要不同的技能从而不同的人力资本投资量，
而不同的人力资本投资则意味着各人对当前成本支出的负担以及对未来收益
的等待将是各不相同的。这便在客观上要求个人间的收入出现差别，以便对
其人力资本投资方面的差别加以补偿。因此，从基本的经济原因方面来说，
个人之间的收入分配差别都可以归因于其在人力资本投资方面的差异。

明塞尔着重考察了正规学校教育和职业培训两种人力资本投资形式是如
何决定个人收入分配的。正规学校教育是一种重要的人力资本投资形式。不
同的职业对于人员所需具有的教育程度的要求是不同的，所以进入不同职业
的人将需要接受不同程度的教育。一般来说，人们在接受正规学校教育的过
程中，是很少或几乎不从事市场工作或创造收入的，故而增加一年学校教育
也就意味着推迟一年进入市场工作获取工作收入的时间。同时，当社会实行
强制退休的年龄给定的条件下，这实际上又意味着增加一年学校教育的人，
其未来的收入挣得期也将相应地减少一年。不仅如此，接受学校教育通常还
需要支付诸如学费、书本文具费等等直接成本。因此，为了鼓励正规学校教
育投资，同时也体现经济公平的原则，显然需要对接受教育者在未来的工资
收入上予以补偿。如果在此为简化起见，令每个人在其整个工作期挣得的收
入流是保持不变的，即每个人的年工资收入水平不变，那么这种工资补偿将
意味着受教育者与未受教育者相比，或受教育年限较高者与受教育年限较低
者相比，将具有更高的年工资水平（从而更高的总收入水平）。那么，这种
补偿性的工资差别究竟应该有多大呢？它显然应当使拥有不同的正规教育投
资量的个人达于相同的盈利水平或经济地位，这也就是说，在均衡的状态下，

---

[1]　[美]林南：《社会资本：关于社会结构与行动的理论》，张磊译，上海：上海人
民出版社 2005 年版，第 38 页。

拥有不同的教育投资量的个人终生收入在其做出职业选择时的现在值，一定相等。另外，个人离开学校并不意味着人力资本投资的终结。就人的整个一生中的人力资本投资而言，职业培训将是更为本质的作法。无论是在职培训，还是工作经验的积累，抑或是短期的离职培训，都会引发生产力变动进而导致收入水平波动。因此，职业培训也是人力资本投资的一种形式。[1]

　　明塞尔在其1957年完成于哥伦比亚大学的博士学位论文《人力资本投资于个人收入分配》中指出，现实经验表明，收入分配的差别主要不是表现为各种职能收入的差别，而是个人收入之间的差别。对于这种差别，以往的一些理论诸如强调"阶级"的神话学模型、强调"机会"的概率模型等，都未能做出令人满意的解释。而从人力资本投资（或培训）的角度则可以提供更有说服力的解释，即在自由选择的条件下，每个人基于个人收入最大化而进行的不同人力资本投资决策，决定了他们的收入分配格局（张凤林，39）。[2]

　　[1]　张凤林：《人力资本理论及其应用研究》，北京：商务印书馆2006年版，第341—347页。

　　[2]　张凤林：《人力资本理论及其应用研究》，北京：商务印书馆2006年版，第39页。

第三章　中国社会的关系网络和劳动力市场

个人的就业方式和就业机会并非本人愿望和个人能力所能决定的，它首先取决于外在的宏观制度环境。换句话说，国家的经济发展策略和经济体制选择，外生地决定着个人就业空间的容量，从而深刻地影响着普通劳动者及其家庭的经济命运。[1] 上一章我们陈述了职业获得问题的相关理论解释及理论争辩，一个重要的解释变量就是社会关系网络。因此，要更加全面地认识目前中国社会中个人的职业获得问题，我们还需要去了解中国劳动力市场的发展演变以及中国社会中关系的意义和特点。

第一节　中国劳动力市场的演变

大体上讲，我国劳动力市场的发展可以分为三个阶段：首先是计划经济时代，其次是改革初期，最后是建立社会主义市场经济建立以来。

一、计划经济时代

计划经济时代从 1950 年代后期到文革结束、改革开放前。建国以后，为

---

[1]　周其仁：《机会与能力——中国农村劳动力的就业和流动》，载于《管理世界》1997 年第 5 期。

了快速实现工业化的最高目标，我国从 1955 年第一个五年计划开始采用苏联的劳动计划方法，制定劳动力计划。有关部门开始提出加强劳动力工作的计划性，要求逐步做到有计划、有组织地供应基本建设劳动力，建立和健全调配制度。到 1957 年，一种以固定工制度为主的、能进不能出的、不能流动的劳动力管理机构——"统包统配"模式基本形成。这一段时期，国家实行的是以统包统配的计划性劳动力配置方式为主要特征的就业机制，政府完全掌握了工作分配的权力，所有企事业单位招工都是实行国家统一分配，所有需要就业的人统统由国家包下来安置，城镇劳动者不被允许也不可能自谋出路。[1] 并且，国家通过户籍制度、食品计划供应制度等制度手段控制农村劳动力向城市的转移，使得实现这种转移变得十分困难。不止如此，在不同所有制经济单位之间，劳动力要实现流动也几乎是不可能的。总之，在计划经济体制下，所有的工人和管理人员（雇主）都是与政府劳动人事局所提供的工作岗位相匹配。终身雇佣制得到了保证，但是不管是地域之间还是职业之间，劳动力的流动几乎都是不允许的。[2]

政府把分配工作的权力完全掌握在自己手中的同时，还决定劳动者的收入标准、收入水平、收入升级方式，劳动者的社会福利与保障，也由财政部门统一拨款负担政府部门承担全部就业风险。[3] 为了降低劳动成本，人为地将工人的工资水平定得很低。从 20 世纪 50 年代末期到 70 年代末期，劳动人事部门通过一个等级系统来集中决定和控制城镇区域内所有工人的工资。工厂中的普通工人和技术工人严格地分为 8 个等级，行政与管理工作人员分为 24 个等级。工资水平的提升主要是基于资历而非劳动能力来决定。虽然工资

---

[1]　程伟艳、宋巍：《我国劳动力市场发育的历史回顾》，载于《中共沈阳市委党校学报》2003 年第 2 期。

[2]　李宏彬、张俊森：《中国人力资本投资与回报》，北京：北京大学出版社2008 年版，第 133 页。

[3]　程伟艳、宋巍：《我国劳动力市场发育的历史回顾》，载于《中共沈阳市委党校学报》2003 年第 2 期。

等级制度允许在不同的受教育水平之间存在工资差异，但是这种工资差异非常之小。同时，政府通过提供免费的大学教育和生活津贴的方式有效地排除了教育的私人直接成本。[1]

二、改革初期

随着 1978 年改革开放的启动，就业机制和劳动力市场开始发生了重大的变化。在就业方针上从依靠政府单方面安置就业的机制，逐步转向由劳动力市场上的用工主体和就业主体双方向自由组合决定就业的机制。改革以后，政府开始下放给企业一定的用工权，实行劳动合同制、干部招聘制和企业破产等等；非国有经济及非单位制度的迅速和持续发展，不仅打破了长期以来在中国社会结构中"单位制度"及国有经济占主导地位的状况，而且也造成了当前中国社会单位与非单位制度并存的特殊的结构格局；国有企业也开始实行了"优化劳动组合"和"厂内待业制"，行政事业单位提出了打破"铁交椅、铁饭碗"的体制，推行公开考试来选拔公务员的制度，实施定编定员的人事政策，初步建立了就业服务体系和社会保险体系，为市场化就业提供服务，以上这些都为劳动力市场的孕育和发展创造了有利条件。

随着 1986 年 7 月国务院发布《国营企业实行劳动合同制暂行规定》，劳动力市场正式引入了劳动合同。在劳动合同制的试行阶段，如 1985 年，合同工人仅占所有工人的 4%；这一比例在 1990 年上升到 13%，在 1995 年达到了 39%，到 1997 年已经有 1 亿雇员与其雇主签定了劳动合同。[2] 从工业企业的资产结构来看，国有工业企业固定资产净值年余额所占全社会固定资产净值比重，自改革初期的 90% 以上，降至 1985 年的 85.4%，而到了 1999 年

---

[1] 李宏彬、张俊森：《中国人力资本投资与回报》，北京：北京大学出版社 2008 年版，第 133 页。

[2] 李宏彬、张俊森：《中国人力资本投资与回报》，北京：北京大学出版社 2008 年版，第 133 页。

则降至 71.8%；相应地，非国有工业企业固定资产净值比重由不足 10% 升至 14.6%，再升至 28.2%。国有工业企业流动资产年均余额所占比重，由改革初期的 80% 以上，降至 1985 年的 76%，再降至 1999 年的 62.7%；相应地，非国有工业企业流动资产年均余额由不足 20%，升至 24%，再升至 37.3%。[1] 这从一个侧面也反映出国家统包统配的就业格局已经被打破，以市场机制调配劳动力资源的局面正在形成。

尽管多种经济成分并存的格局开始打破了过去那种统包统配的劳动就业制度，但就业机制还没有从根本上跳出行政机制的圈子。合同制度下的招工，仍然由劳动部门批指标，合同工到岗后仍然用管理固定工的办法管理，而且占全部职工总数的合同工，还仍难以制约占总量的固定工。"劳务市场"虽已随着经济改革的步伐建立起来，但还不完善，还不具有市场的完全特征。就业渠道虽比改革开放前有所拓宽，但有些人的思想仍然停留在完全依靠政府的层面上，转变就业机制，仍然是一个十分重要的问题。总之，我国的就业体制自 20 世纪 80 年代起呈现出双轨制的特征，即在保留计划就业的同时，逐步扩大市场化就业范围。[2]

三、建立社会主义市场经济以来

1992 年邓小平南巡讲话之后，中国改革开放的步伐加快，国民经济步入快车道，劳动力市场也日趋完善和活跃。从制度建制方面来看，中国共产党十四届三中全会通过了《中共中央关于建立社会主义市场经济体制若干问题的决定》，提出要"改革劳动制度，逐步形成劳动力市场"，这是党中央以《决定》的形式第一次提出要求把培育劳动力市场作为培育市场体系的重点

---

[1]　李汉林、渠敬东：《制度规范行为——关于单位的研究与思考》，载于《社会学研究》2002 年第 5 期。

[2]　程伟艳、宋巍：《我国劳动力市场发育的历史回顾》，载于《中共沈阳市委党校学报》2003 年第 2 期。

之一。劳动力市场在整个市场体系中占有重要的地位,是社会主义市场经济体系的重要组成部分。这以后,培育和发展劳动力市场成了劳动体制改革的主线,劳动力市场得到了飞速发展。[1]1993 年 8 月国务院发布的《企业劳动争议处理条例》,1994 年 7 月 5 日八届全国人大常委会第八次会议通过了新中国成立以来的第一部劳动法典《中华人民共和国劳动法》,该法明确规定,所有工业企业必须实施劳动合同制。继之又出台了《劳动力市场管理规定》、《工资集体协商试行办法》等相关法律、法规。这些法律法规的制定和实施,规范了企业用工、劳动力流动和劳务中介行为,对维护劳动力市场秩序发挥了积极作用。[2]之后,户籍制度逐渐松动,社会保障制度改革开始推行,城市职工在劳动领域享有了更宽松的制度环境,获得了更为广泛的制度支持。[3]

随着就业机制的改革,劳动力市场的条件也发生了变化:第一,劳动力流动性增强,劳动者跨越所有制和区域的流动逐渐增多。以农村劳动力流动为例。流动农村劳动力数量从 1997 年的 3 890 万迅速增加到 2004 年的 1.03 亿,其中大约 40% 的农村外出劳动力属于跨省流动。尽管在 1996—2005 年期间城镇就业以平均每年 829 万人的速度扩大,但与此同时,国有部门和城镇集体部门的就业却在减少,平均每年减少 696 万人;股份合作、联营、有限责任、股份有限、港澳台商、外商投资等新兴所有制形式的部门,以每年平均 298 万人的速度为城镇提供就业机会;个体私营企业的就业则以每年 391 万人的速度增加。[4]第二,就业信息完全由政府垄断的状况开始改变,通过各种就业服务机构的建立,就业信息公开化,就业主体可以获得各种职位空缺的信息。第三,从普遍的低工资收入状况,转变成了不同行业、不同企业、不同单位

---

[1] 程伟艳、宋巍:《我国劳动力市场发育的历史回顾》,载于《中共沈阳市委党校学报》2003 年第 2 期。

[2] 许海燕:《我国劳动力市场发育成长及障碍分析》,载于《理论界》2006 年第 3 期。

[3] 黄先碧:《关系网效力的边界:来自新兴劳动力市场的实证分析》,载于《社会》2008 年第 6 期。

[4] 蔡昉:《中国劳动力市场发育与就业变化》,载于《经济研究》,2007 年第 2 期。

就业者的工资和收入具有较大程度的差别。[1]

由计划经济向市场经济的转型也对劳动报酬的获得机制产生重大影响。由于各业工资水平大体由相对生产率决定，同时基本不存在对劳动力流动的制度障碍，劳动者会对在劳动力市场上表现出来的工资和就业差异做出积极的反应，包括提高生产率、转移以及相关的人力资本投资。[2] 在向市场转型的过程中，效率优先的市场机制将逐步取代以政治意识形态和行政权力为主导的再分配机制，而人力资本因素则将成为决定市场回报（就业或收入）的主要决定因素。[3]

第二节　中国社会的关系网络

人的行为都是发生在具体的社会脉络和文化背景中的，也就是说，外在的社会文化背景约束、影响着个人的行为。中国人沉浸于中国社会文化之中，其日常行为受着中国社会文化的牵引和约制，所以要了解和解释中国人的行为，必然先要弄清楚中国的社会结构及文化特点。

一、关系：中国社会的基本结构

长期以来，"关系"一词作为理解和认识中国社会以及中国人的心理和行为的一个核心概念，早已成为中西方学者的共识。可以说，关系之于中国社会的经济和社会组织的运作而言，发挥着基础性的维持作用。

---

[1]　程伟艳、宋巍：《我国劳动力市场发育的历史回顾》，载于《中共沈阳市委党校学报》2003 年第 2 期。

[2]　周其仁：《机会与能力——中国农村劳动力的就业和流动》，载于《管理世界》1997 年第 5 期。

[3]　Nee, Victor. "A Theory of Market Transition : From Redistribution to Markets in State Socialism.", *American Sociology Review*, 1989(54), pp663-681.

按照梁漱溟的说法，"中国是伦理本位的社会"，"伦理本位者，关系本位也"。[1] 伦理本位思想的核心就是社会中人与人之间按照特定规则形成的人际互动关系。[2] 在这一方面最有代表性的就是五伦关系，即由"君臣、父子、夫妇、兄弟、朋友"五种主要社会关系。儒家还提出了相应的秩序规则，即"父子有亲，君臣有义，夫妇有别，长幼有序，朋友有信"。五伦所涵盖的是传统中国人所最重视的五种办理关系，这一关系体系实质上是建立在人类最基本的初级关系基础上的关系格局，即以血缘（亲缘）关系为基础的关系体系。父子、夫妻、兄弟（长幼）三者是家族之内的关系（即家人关系），君臣、朋友二者虽然是家族以外的关系（即熟人关系），但君臣一伦多少是由父子一伦概化（经由泛家族化历程）而来的，而朋友一伦多少是由兄弟一伦概化而来，所以君臣关系和朋友关系在中国传统社会可以看作是父子关系等各种纵向人际关系和兄弟关系等各种横向人际关系的扩展和延伸。从这个角度来看，五伦中可以说只有三种基本关系，即父子、夫妇和兄弟关系。[3]

与梁漱溟对中国社会及中国人互动关系的一般性概括相比，费孝通的"差序格局"论更进一步揭示出中国人人际互动的层次递进关系。费孝通认为中国社会结构的基本特性就是"差序格局"，即"以'己'为中心，像石子一般投入水中，和别人所联系的社会关系，不像团体中的分子一般大家立在一个平面上的，而是像水的波纹一般，一圈圈推出去，愈推愈远，也愈推愈薄"。他认为儒家所谓的人伦即可以形象地看作是"从自己推出去的和自己发生社会关系的那一群人里所发生的一轮轮波纹的差序"。[4] 显然，在费孝通看来，中国社会中人与人之间的关系互动是亲疏有别的，个人与他人的交往互动依

[1] 梁漱溟：《中国文化要义》，载于《梁漱溟学术精华录》，北京：北京师范大学出版社 1988 年版，第 262—277 页。

[2] 胡必亮：《关系共同体》，北京：人民出版社 2005 年版，第 9 页。

[3] 杨国枢：《中国人的心理与行为：本土化研究》，北京：中国人民大学出版社 2004 年版，第 96 页。

[4] 费孝通：《乡土中国·生育制度》，北京：北京大学出版社 1998 年版，第 27 页。

据他人与自己社会关系的亲疏程度而有着不同的精神性或工具性的关系模式和交往程度。他认为，"差序格局"式的社会结构以一种有别于"团体格局"社会结构的道德体系来维系。在这种道德体系中，从己向外推以构成的社会范围是一根根私人联系，每根绳子被一种道德要素维持着。从"己"推出去，在多种路线中，最基本的是亲属，与之相配的道德要素是孝和悌；另一路线是朋友，与之相配的是忠信。总之，"一个差序格局的社会，是由无数私人关系搭成的网络。这网络的每一个结都附着一种道德要素，因之，传统的道德里不另找出一个笼统性的道德观念来，所有的价值标准也不能超脱于差序的人伦而存在了"。[1]

从微观层面上，杨国枢以"社会取向"来描述和理解中国人的主要心理和行为，并分别从社会互动和性格特质的观点来分析这种社会取向。他认为中国人在日常生活中的适应方式是偏向社会取向的类型，并认为这种社会取向有四大类主要的特征或内涵，即家族取向、关系取向、权威取向和他人取向。关系取向是中国人在人际网络中的一种主要运作方式。它具有以下几项重要特征：第一，关系形式化（角色化）。传统中国人强调在人与人的社会关系中来界定自己的身份，这实际上也就是以角色来界定自己。在传统的中国社会里，人与人的主要社会关系是相当形式化的（甚至是仪式化的），不是可以依个人意兴而随便变动的。形式化或角色化的种种关系，编织成一套坚实的社会网络，限定了个人社会生活的主要范畴与内涵。置身于这一由形式化的各种关系所构成的社会网络中，个人只能依社会角色的规范行事。在这一方面最有代表性的是五伦的关系。五伦等于是五组社会关系的"套装"，每组关系套装都有两套对立的"角色剧本"。任何进入关系的人，都必须依角色剧本来扮演。第二，关系互依性（回报性）。在传统中国社会内，社会

---

[1] 费孝通：《乡土中国·生育制度》，北京：北京大学出版社1998年版，第33—36页。

关系的界定特别强调两组角色的对偶性。在现实生活中，社会关系的对偶角色是互惠的。例如，亲子以慈孝互惠，夫妻以和柔互惠，兄弟以友恭互惠，朋友以相信互惠，君臣以仁忠互惠。对应角色的互惠，并不限于表面所承认者，有些则是属于隐性的互惠。有些是情绪性、精神性或行为性的互惠，有些则是比较实质性或物质性的互惠。社会关系的对偶角色既然是互惠的，彼此就自然会互相依赖。当然，对应角色之间的互惠互依，在程度或内涵上会因关系类别的不同而有异，也未必全然遵循社会交换的法则。第三，关系和谐性。中国文化的和合性落实在社会关系上，便是强调与追求所有人际关系的和谐，特别是五伦关系的和谐。反之，不和谐或冲突会形成一种焦虑甚至恐惧，可以称作"不和焦虑"或"冲突恐惧"。为了维持关系的和谐，个人必须努力去做对方期望他做的事，不去做对方期望他不去做的事。第四，关系宿命观。为了人际关系的稳定与和谐，传统中国人发明了"缘"的信念，即认定一切关系都是早已命定的，是逃脱不了的。缘是指一种宿命的因素，强调远在关系发生之前，缘即已前定了某种特定人际关系的必然出现，而且还决定了关系的形态、久暂及结局等。有了"缘"的信念，中国人便逆来顺受，以认命的态度好好或勉强守在现有关系之中。透过这样的方式，人与人的关系就能够稳定下来。第五，关系决定论。中国人之关系取向，在日常生活中最富有动力的特征是"关系中心"或"关系决定论"（relational determinism）。在社会互动中，对方与自己的关系决定了如何对待对方及其他的相关事项。在不同类别的关系中，个人是依不同的人际互动原则而运作的。[1]

以上学者的论断更多是基于对中国传统社会和传统文化的观察和理解而获得的认识，那么现代中国社会是否依然如此呢？德国经济学家、汉学家何梦笔在长期研究中国经济、文化、政治问题后得出结论认为：中国的市场经济、

---

[1] 杨国枢：《中国人的心理与行为：本土化研究》，北京：中国人民大学出版社2004年版，第86—105页。

现代化是一种与西方甚至与东方其他经济体不同的方式。市场运作方式的不同，其最大的原因在于社会文化传统的不同。他还提醒中国的决策者，在中国经济、社会实施从计划到市场转型的过程中，应该特别注意这一时期的非正式约束的结构及其变化。[1] 何梦笔的意思显而易见，即使是处在向现代化转变的过程中的中国社会，仍然受着中国社会文化传统的规制和约束。换言之，现代中国社会中人与人之间的关系互动与传统中国社会有着十分紧密的连续性。

胡必亮在 2002 年通过对一个现代村庄的实证分析后发现，村民自我组织的人口流动是建立在中国传统的关系文化与人际关系资源基础之上的；作为一种特殊的社会资本，关系及关系共同体在促进中国乡镇企业发展过程中起到了关键性的作用。他得出结论认为，在中国的现代化过程中，传统与非正式制度仍然将作为十分活跃的积极因素对推进中国的现代化进程具有非常重要的意义，起着非常重要的作用。任何试图彻底抛开传统与非正式制度来构建中国现代化的宏伟大厦的想法都是幼稚和天真。也就是说，即使是在市场化过程中推进中国的改革、发展与现代化事业，也必须充分重视和利用非正式制度与传统的积极意义。[2]

从以上学者的论述我们可以看到，无论是对于传统中国社会还是处在向现代转型过程中的中国社会，无论是对于宏观层面的社会文化背景还是微观层面的人的心理与行为，关系都是一个十分重要的观察视角和理论解释维度。那么，中国人的社会关系在具体的互动过程中会展现出什么特点呢？

---

[1]　胡必亮：《关系共同体》，北京：人民出版社 2005 年版，第 155 页。

[2]　胡必亮：《关系共同体》，北京：人民出版社 2005 年版，第 156 页。

二、关系互动的基本特征

（一）人　情

不论是在中国传统社会，还是现代社会，关系与关系网的建立都是与人情密切相连的。黄光国认为，在中国文化中，人情的含义之一指的是在社会中人与人应该如何相处的社会规范。这种社会规范主要包含两大类的社会行为：首先，在平常时候，个人应当用馈赠礼物、互相问候、拜会访问等方式与其关系网内的其他人保持联系和良好的人际关系。其次，当关系网内的某一个人遭遇到贫病困厄或生活上遇到重大的难题时，其他人应该有"不忍人之心"，同情他，体谅他，并尽力帮助他，"做人情"给他。[1]

的确，尽管人情在中国社会更多地只是一个文化概念，它本身不具有法律意义，但它却具有很强的道德含义，它是一种非常典型，且十分重要的具有明显的非正式制度（规则）特性的社会规范。其中一个最重要的规范就是"报"。由"报"而形成的一系列有关义务、信任、期待、信仰等对于促进人与人之间的联系与交往其到了很重要的胶合作用。从这一点来看，"报"也可以说是中国社会关系建立的基础。[2]

作为一种社会规范的人情法则，其基本含义就是要求受了别人恩惠，欠了别人人情，应当时时想办法回报。人情是一种可以用来交易的"资源"。这种交易资源不仅可能包含具体的金钱、财货或服务，而且还包含有抽象的情感。[3]翟学伟指出中国的人情交换与西方相反。西方人的人际交换往往具有等值的倾向，所以他们的社会交换具有理性、短暂性和间断性的特点。但中国社会的安土重迁和血缘关系导致了人际交往的长期性和连续性，算账、

---

[1]　黄光国、胡先缙：《面子——中国人的权力游戏》，北京：中国人民大学出版社2004年版，第11—13页。

[2]　胡必亮：《关系共同体》，北京：人民出版社，2005年版，第17—18页。

[3]　黄光国、胡先缙：《面子——中国人的权力游戏》，北京：中国人民大学出版社2004年版。

清算等都是不通人情的表现，因此中国人情法则是报（恩）总是大于施，反之（报仇）亦然。[1]

　　总之，人情是中国人人际交往的重要特点，人情是互相往来的，回报或增量回报虽然是中国人人情往来的一个基本法则，但这种概括是非常粗略的。黄光国进一步对中国人人际交往的交换规则进行了细致的分类和概括。

（二）交换规则

　　一如费孝通所言，处在"差序格局"式社会关系中的中国人，常常以不同的标准来对待和自己关系不同的人。黄光国把中国社会中个人拥有的人际关系归为三大类：情感性关系、混合性关系和工具性关系。处在这些不同关系中的人依据不同的法则进行社会交往。情感性的关系通常都是一种长久而稳定的社会关系。这种关系可以满足个人在关爱、温情、安全感、归属感等情感方面的需要。像家庭、密友、朋侪团体等主要社会团体中的人际关系，都是情感性关系之例。个人以这种关系作为工具来获取他所需要的物质资源时，所遵循的社会交易和资源分配的主要法则是"各尽所能，各取所需"的"需求法则"。依照黄光国的理论，家人适用需求法则，也就是家人不谈对等交换，采"各尽所能、各取所需"的原则。家人的需要其他家人应该加以满足，而不能要求等价的报偿。

　　工具性关系和情感性关系相对，它是个人与在生活中和家庭外的其他人建立的关系，主要是为了获得他所希望的某些物质目标。与情感性关系的区别在于，维持情感性关系本身便是这种交往的最终目的，而个人与他人建立工具性关系不过是作为获得其他目标的一种手段或一种工具。工具性关系的这一特点就决定了它基本上是短暂而不稳定的。在这种关系中，个人和他人交往时所遵循的法则是讲究童叟无欺的公平法则。这种法则是一种普遍性和

---

[1]　翟学伟：《人情、面子与权力的再生产》，北京：北京大学出版社 2005 年版，第 85—86 页。

非个人化的法则，凡被人划归为工具性关系的对象，个人都会一视同仁地以同样的原则与之交往。许多实证研究显示，中国人在与陌生人更多是以公平法则进行社会交易或交往的。

在中国社会中，混合性关系是个人最可能以人情和面子来影响他人的人际关系范畴。混合性关系的特点是，交往双方彼此认识而且有一定程度的情感关系，但其情感关系又不像主要社会团体那样，深厚到可以随意表现出真诚的行为。一般而言，这类关系可能包含亲戚、邻居、师生、同学、同乡等不同的角色关系。混合性的人际关系大多不是以血缘关系为基础，它不像情感性关系那样绵延不断，长久存在，而必须借助人与人之间的礼尚往来加以维系。它与普遍性和非个人性的工具性人际关系的区别在于，在混合性关系中，人际交往的本质是特殊性和个人化的，交往双方不仅预期将来他们可能再次进行情感性交往，而且还会预期共同关系网内的其他人也可能了解到他们交往的情形。[1]

黄光国还对交换关系中人情交换与一般的工具性交换做了一些比较。首先，人情法则下的人情交换建基于长时间的关系上，而一般交换关系则往往短暂。其次，人情交换往往会有共同认识的人或共同认识的一群人，也就是镶嵌在一个共同的社会网络中。第三，工具性交换往往具有普遍性与非个人性。相反，人情交换则强调特殊性及个人性。[2]

———————————

　　[1]　黄光国、胡先缙：《面子——中国人的权力游戏》，北京：中国人民大学出版社2004年版，第7—11页。

　　[2]　罗家德、叶勇助：《中国人的信任游戏》，北京：社会科学文献出版社2007年版，第69页。

第四章 研究假设

这一章的目的是对与职业地位获得相关的几种理论解释进行比较,并由之提出本研究将要检验的经验假设。

第一节 职业地位获得的解释:五种机制的比较

在第二章中,我们回顾了有关职业地位获得的五种理论解释。这五种理论分别给出了有关职业地位获得的五种不同的解释机制。比较这五种机制,即弱关系、社会资源、强关系、结构洞和人力资本,可以揭示出这些理论发挥作用的条件,以及这些机制对解释职业地位获得的分析力量。

何谓机制?艾尔斯特(Elster)认为,机制是指两个事物之间的可能存在的因果关系。这种关系是"经常发生的、易于识别的因果关系"。但这种因果关系诱发的条件或后果却是不明朗的。所以,这不是一种决定性的、必然的因果关系,但是这种关系却会经常发生。在艾尔斯特看来,在高度宏观抽象的公理和具体的描述之间还可以有一个解释层次,这个层次就是对机制的关注。研究者如果不能找到公理性的规律,也并意味着只剩下对社会事实进行简单描述这一种选择。相反,更应该把关注的重心放置在对事物之间机制的探察上。对于以极为复杂的社会现象为研究对象的社会科学更应如此。"因果机制"概念成为一个比较容易把握的分析角度，这一角度是从具体可察的因果关系着眼去分析问题、解释问题，而不是去建一个庞大完整的逻辑体系，去寻找具有普遍意义的因果规律。[1]

在人力资本经济学中，核心的思想是不同的人力资本投资决定了劳动力市场上个人之间在收入分配上的差别。不同的职业要求具备不同的知识、技能、体力水平，也就需要为此进行不同数量和质量水平的人力资本投资，如采用教育、职业培训等方式，最终这种人力资本投资量方面的差异需要不同的收入来加以补偿。这也就意味着个人之间基于不同的人力资本投资而对未来收益的期望将是各不相同的。因此，在劳动力市场上，个人的收入随人力资本的变化而变化。至此，可以获得下面的基本命题：

个人的找职方式以及求职结果受个人所拥有的人力资本状况的影响，比如个人的教育程度、职业培训和专业证书。

与人力资本经济学相比，社会网络的观点认为，个人的经济行动是嵌入性于社会网络之中的。[2] 换言之，社会关系网络影响人的行为。职业获得结果的一个重要的影响因素是职业信息的获得。格拉诺维特的"弱关系"理论指出，个人所拥有的社会关系网络中的弱关系在两个方面影响信息和机会的获取：第一，弱关系由于连接的往往是来自不同生活圈子的不相似的人，所以弱关系可以使个人接触到更多的他人。换句话说，一个弱关系丰富的人，其社会网络的范围会比较大，因此为自我提供新鲜职业信息的可能性比较大；第二，弱关系可以充当沟通不同群体之间的信息桥，将其他群体的重要信息带给不属于这些群体的某一个体。从这个观点出发，我们可以提出下面的命题

---

[1] 周雪光：《组织社会学十讲》，北京：社会科学文献出版社 2003 年版，第 15—16 页。

[2] Granovetter, Mark. "Economic Action and Social Structure : The Problem of Embeddedness.", *American Journal of Sociology*, 1985. （91）3, pp481-510.

个人的找职方式和求职结果受个人社会关系网络中弱关系的影响。

相比之下，强关系理论主张，在中国社会文化背景下，强人情关系在个人职业获得过程中占有优势。这是因为：第一，在中国社会中，人们之间的各种人情交换往往发生在由强关系连接的社会网络中。根据布劳（Blau）的社会交换理论，社会交往不像经济交换那样属于即时交换，社会交换往往要等到很长的时间后才找到机会偿还，因此交换行为在交换双方彼此了解和信任的基础上才可能发生。因此，强关系可以为人们之间的社会交换提供某种保护，降低交换者所面临的不确定性。由此，强关系可能影响信息和机会的获得，有价值的信息资源是在一定强度的人情关系上传递的；第二，在中国人的社会交往中，人情比信息更重要。相比于弱关系，建立在信任基础上的强关系往往成为人们之间传递人情的网络桥梁。由此，我们期望：

个人的找职方式和求职结果受个人社会关系网络中强关系的影响。

林南的社会资本理论强调，关系的强弱并不是问题的重点，重要的是通过社会关系所摄取的资源，与那些社会资源丰富的人有关系是找到好工作的关键。社会资源理论认为，社会是由附含不同价值资源量的一组位置组成的结构，这个结构按资源的附含量以及资源的可获取性形成了金字塔形状：位置越高，占据者越少，位置的资源附含量越大。身处于这种结构中的个体必然受这种结构特点的影响；个体的行动以及行动的结果受这种结构的形构和约制，随着他所拥有的社会资源的多少而变化。因此，拥有不同社会资源的个体在职业获得过程中就有不同的结构约制和机会。这些思考引致下面的命题：

个人的找职方式和求职结果随个体所拥有或动用的社会资源的多少而有规律地变化。

根据结构洞理论，一个富含结构洞的社会关系网络意味着在信息获取、时机、举荐和控制等方面具有优势，这种结构模式的关系网络可以给关系拥有者带来更多的关系收益和更高的关系回报率。所以，竞争优势主要体现在关系优势方面，即结构洞越多，竞争者的关系优势就越大，获取较大经济回报的几率就越高。总之，个人的竞争行为和结果可以根据个人在竞争性的社会结构中的"结构洞"来解释。从这个理论来思考，我们可以推导出以下命题：

个人的找职方式和求职结果随个人所拥有的关系网络中的结构洞状况的不同而不同。

第二节　城市新移民的职业地位获得：假设

现在来看上述五种机制在当前中国城市新移民群体求职过程中的经验含义。我们将主要集中讨论两个实证问题：（1）城市新移民对找职方式的选择；（2）城市新移民的求职结果。

一、找职方式

首先来看求职的开始阶段。城市新移民是通过什么途径找到工作的呢？在中国当前的社会背景下，个人求职的方式主要有三种：市场途径、体制途径和关系途径。[1]市场途径主要是指通过招聘广告、职业介绍机构、人才市场、个人直接申请和自雇等方式实现就业的求职途径。采用这种途径求职时，求职者和就业单位之间一般都没有先在的社会关系，能否就业全在于雇佣双方的谈判，因此劳动者的人力资本相当重要。这种职业匹配模式的前提是信息的公开和透明，劳动力市场中的每一个成员都有机会获得劳动力的供需信息。关系途径是指依靠各种社会关系实现就业的情况，包括运用各种人际关系获

---

[1]　边燕杰、张文宏：《经济体制、社会网络与职业流动》，载于《中国社会科学》2001 年第 2 期。

得信息和人情达到就业的目的。通过这种途径实现的就业，劳动力供需信息是不完全开放的，求职者与就业单位之间的社会关系以及社会关系中所蕴涵的社会资源显得更为重要。体制途径是指我国原来计划经济体制下国家对劳动力进行工作分配的劳动力匹配方式，也就是由国家相关的组织机构对劳动力进行就业安置，如国家分配、组织调动。个人在这一过程中一般是没有自由选择余地的。虽然我国过去的计划经济制度已经被打破，但市场经济制度还没有完善地确立起来，仍然处在一个市场转型过程中。[1] 在这一转型的过程中，各种方式交织在一起。所以，体制安排作为一种职业获得的方式仍然存在。

　　一般来讲，求职者和用人单位都是追求利益最大化的"经济人"，求职者总是希望在自己的生产力水平上找到尽可能高回报的工作岗位；而用人单位则希望在特定工资水平上找到生产力尽可能高的求职者。在市场途径中，由于生产力不能直接观察，求职者的人力资本（以受教育程度、培训、资历为主要内容）就成了用人单位甄选人才的主要指标。因此，在市场途径中，人力资本就成了一种高效的市场信号，它对劳动者的职业流动有着直接的影响。[2] 我国现阶段处在向市场经济体制过渡的过程中，因此可以预料，随着中国改革开放的逐渐深入，通过劳动力市场途径获得新职业将在个人找职方式中占据更为重要的地位。总之，以上的讨论使我们得出，求职者所拥有的人力资本影响其求职渠道的选择。所以，根据人力资本理论可以产生以下经验性含义：

假设 1：城市新移民选择找职方式因自身所拥有的人力资本多寡而异。拥有人力资本多的倾向于使用市场途径寻找工作。

---

　　[1]　Nee, Victor, "A Theory of Market Transition : From Redistribution to Markets in State Socialism.", *American Sociology Review*, 1989(54), pp663-681.

　　[2]　陆德梅：《职业流动的途径及其相关因素——对上海市劳动力市场的实证分析》，载于《社会》2005 年第 3 期。

　　然而，不同的找职方式具有与该求职渠道相联系的不同的成本和收益。可以想象，相比于社会关系渠道，市场渠道的成本是廉价的。因为市场上有关就业的信息是公开的，也就是说，所有人都能够比较容易地获得同样的信息。但也正是由于这一点，这些信息可能是最没有价值的。因此，这种找职方式的有效性可能不大。相反，通过社会网络得到的私有信息是有价值的。其次，如格拉诺维特所指出的，个体行动者"镶嵌"于社会关系网络之中，其行为深受社会关系的影响和制约，而且劳动力市场上有关工作和申请者的信息也不是广泛分布的。[1] 再次，社会关系网络不仅促进了信息的流动，而且还能够施加影响、提供社会信任证明以及强化身份和认同感等作用。[2] 因此，社会网络理论的观点是：

假设 2：城市新移民选择找职方式因自身所拥有的社会资本的多寡而异。拥有社会资本多的更可能使用关系网络途径寻找工作。

　　以社会网络理论为前提，我们还可以在有关选择求职途径的问题上提出更进一步的观点。格拉诺维特的弱关系理论指出，求职过程中最大的问题是信息问题。个人通过弱关系往往可以接触到与自己不相似的人，因而接触到新的职业信息的可能性比较大；而且由于弱关系可以充当沟通不同群体之间的信息桥，可以带来其他群体的一些重要信息。根据这一观点，我们可以提出下面的实证假设：

假设 3：工作更多是通过弱关系获得。

　　与格拉诺维特的"弱关系"理论相反，边燕杰在对计划体制背景下中国天津的样本进行分析时发现，通过别人的实质性帮助而获得了第一份工作的人占 45.1%。在动用网络关系获得工作的人中，大约有 55% 的帮助者是通过

---

[1]　Granovetter, Mark. "Job Search and Network Composition : Implications of the Strength-of-Weak-Ties Hypothesis.", *American Sociological Review* 1992(57), pp586-596.

[2]　[美] 林南：《社会资本：关于社会结构与行动的理论》，张磊译，上海：上海人民出版社 2005 年版，第 18—20 页。

直接关系找到的。对于这些直接关系而言，被调查者与帮助者有强关系而非弱关系。即使当求职者利用间接关系，即通过中间人找到最终帮助者，中间人与求职者和帮助者的关系都是强关系。[1]另一项对中国天津双轨制和转型时代的资料分析表明，即使是在劳动力市场不断扩展的条件下，强关系在职业流动中仍然维持强有力的解释能力，而弱关系的解释力微弱。"在向市场化迈进的过程中，强关系的作用持续上升，权力对资源的控制以及依此进行的人情交换不断强化。"[2]

在中国社会中，强关系之所以比弱关系占有优势，原因在于中国社会与西方社会在有关人际行为及交易方面所遵循的法则迥然不同。中国社会十分重视"报"的规范，这些规范又因人们在差序性"关系网"中所处的相对位置、彼此间"义务"的性质以及双方长期可以操作面子及其他观念所造成的义务不同而有所变化。[3]中国人的人情关系的实质是情意、实惠的交换。由于存在义务和信任的问题，所以中国人的人情交换往往发生在强关系网络中。[4]这种情况即使是在从双轨制到转型时代，劳动力统分统配的计划体制逐步解体，劳动力市场日益强大的情况下仍是如此：职业流动者仍旧主要是从关系人那里获得人情；作为信息桥的弱关系的使用率不但没有上升，反而表现出微弱下降的势头，而作为信任和规范基础的强关系的使用频率却随着改革的不断推进而上升。[5]总之：

[1] Bian, Yanjie. "Bringing Strong Ties Back In : Indirect Connection, Bridges, and Job Search in China.", *American Sociological Review*, 1997(62), pp366-385.

[2] 边燕杰、张文宏：《经济体制、社会网络与职业流动》，载于《中国社会科学》2001年第2期。

[3] 黄光国、胡先缙：《面子——中国人的权力游戏》，北京：中国人民大学出版社2004年版。

[4] Bian, Yanjie. "Bringing Strong Ties Back In : Indirect Connection, Bridges, and Job Search in China.", *American Sociological Review*1997(62). pp366-385.

[5] 边燕杰、张文宏：《经济体制、社会网络与职业流动》，载于《中国社会科学》2001年第2期。

假设 4：工作更多是通过强关系获得。

根据结构洞理论，竞争的优势就是结构洞的问题。伯特认为，一个关系网络的信息收益（information benefits）决定了谁能够获知这些机会，何时获知，以及谁能够得到机会。因此，关系网络的结构模式决定了关系拥有者从关系网获得的回报率的高低。具体而言，信息收益有三种形式：摄取（access）、时机（timing）和举荐（referrals）。[1] 从这一观点来看，我们预期个人拥有的结构洞情况与其求职渠道的选择之间存在着关系：

假设 5：城市新移民的社会关系网络中结构洞越丰富，就越有可能通过网络渠道找工作。

二、求职结果

接下来再来看求职结果的问题。人们在劳动力市场上的找职方式主要有两种，即通过市场渠道找职和通过各类社会关系网络渠道找职。那么，这两种不同的找职方式对求职结果有没有影响呢？也就是说，通过这两种找职方式获得的职业有没有差异呢？在前面有关找职方式选择的讨论中，根据人力资本理论和社会资本理论，我们分别预测求职者选择找职方式因自身所拥有的人力资本或社会资本的多寡而异。具体地说，拥有人力资本多的求职者倾向于使用市场途径寻找工作，而拥有社会资本多的求职者更可能使用关系网络途径寻找工作。在这里，我们接续假设 1 和假设 2，继续探讨找职方式和求职结果直接的关系。根据人力资本理论和社会资本理论，我们提出以下假设

假设 6a：根据人力资本理论，通过市场方式找到的工作的收入比通过社会网络方式找到的工作的收入高。

假设 6b：根据人力资本理论，通过市场方式找到的工作的社会声望比通

---

[1]　Burt, Ronald S. *Structural Holes : the Social Structural of Competition*. Cambridge : Harvard University Press. 1992, pp13-15.

过社会网络方式找到的工作的社会声望高。

假设 6c：根据人力资本理论，城市新移民对通过市场方式找到的工作的满意程度比通过社会网络方式找到的工作的满意程度高。

假设 7a：根据社会资本理论，通过社会网络方式找到的工作的收入比通过市场方式找到的工作的收入高。

假设 7b：根据社会资本理论，通过社会网络方式找到的工作的社会声望比通过市场方式找到的工作的社会声望高。

假设 7c：根据社会资本理论，城市新移民对通过社会网络方式找到的工作的满意程度比通过市场方式找到的工作的满意程度高。

毋庸置疑，个人职业地位获得的结果是许多因素综合作用的结果。我们这里主要关心的是人力资本和社会资本因素对这一结果的影响问题。我们想要探讨的问题是，人力资本和社会资本因素与个人的职业成就之间的关联，尤其是，在个人职业成就上，究竟是人力资本的贡献大，还是社会资本的贡献大？

对于这个问题，人力资本理论的答案是，个体的人力资本投资（包括学校教育、职业培训等等）是决定个人收入水平的主要因素。[1] 一方面，各种职业之间在客观上是存在差异的。不同的职业需要具备不同的知识和技能，这便要求进行不同的人力资本投资。另一方面，人力资本决定个人收入分配这种观点建立在三个主要的理论基础之上。其一是理性选择原理。根据这一原理，人是追求某种目标函数最大化的理性行为主体，其行动的最终目的是实现主体的主观效用或福利最大化。其二是补偿原理。即是指经济活动中收益与成本之间存在着一种对应关系，或对应原则。根据这一原理，不同的人力资本投资行为必然会导致不同的个人收入分配结果。其三是关于人的能力

---

[1] 张凤林：《人力资本理论及其应用研究》，北京：商务印书馆 2006 年版，第 382 页。

的异质性与可塑性观点。[1]

人力资本对个人职业获得发挥作用的理论前提，源于新古典主义经济学和社会学对于市场经济条件下社会经济秩序的假设，即一个社会越是接近"完全竞争市场"，人力资本对于职业地位获得的作用越明显。[2]市场转型理论也提出，在由计划经济向市场经济过渡的过程中，教育作为一种重要的人力资本，其回报率将不断提高。换言之，随着市场改革的不断深入，人力资本（教育和经验）越来越重要。[3]总之，根据人力资本理论，个人之间的收入分配差别主要可以归因于其在人力资本投资方面的差异。因此，我们可以提出以下假设：

假设 8a：城市新移民的受教育程度越高，其职业收入就越高。

假设 8b：城市新移民的受教育程度越高，其职业声望就越高。

假设 8c：城市新移民的受教育程度越高，其职业满意度就越高。

假设 8d：城市新移民所获得的专业技术资格证书越多，其职业收入就越高。

假设 8e：城市新移民所获得的专业技术资格证书越多，其职业声望就越高。

假设 8f：城市新移民所获得的专业技术资格证书越多，其职业满意度就越高。

假设 8g：城市新移民所受的职业培训次数越多，其职业收入就越高。

假设 8h：城市新移民所受的职业培训次数越多，其职业声望就越高。

假设 8i：城市新移民所受的职业培训次数越多，其职业满意度就越高。

但是，从社会网络的观点来看，人力资本理论错误地把劳动力市场上的个人看作是"社会性孤立"的，而且认为劳动力市场是一个开放和竞争的场域，

[1]　张凤林：《人力资本理论及其应用研究》，北京：商务印书馆 2006 年版，第 339—341 页。

[2]　许嘉猷：《社会阶层化与社会流动》，台北：三民书局 1986 年版，第 218 页。

[3]　Nee, Victor. "A Theory of Market Transition: From Redistribution to Markets in State Socialism..", *American Sociology Review,* 1989(54), pp663-681.

关于工作和申请者的信息是广泛分布的。这些前在的理论预设显然与实际情况不符合。社会网络理论提出了"镶嵌"观点，即个人并非是"社会性孤立"的，而是身处于各种社会关系网络之中；个人行动实际上是镶嵌在社会及经济关系的网络中，它深深地受到社会关系的限制。[1]格拉诺维特在研究中发现，与就业有关的信息和机会更多是通过人们的社会关系网络来传递的。社会网络有助于劳动力市场中的信息流动，帮助个人获得就业的信息和机会。社会资本的基本命题就是，行动的成功与社会资本正相关。[2]总之，从社会网络的视角来看，个人在劳动力市场上的职业获得结果主要取决于社会资本。因此，根据社会资本理论，我们提出的假设是：

假设 9a：城市新移民所拥有的社会资本越丰富，其职业收入就越高。

假设 9b：城市新移民所拥有的社会资本越丰富，其职业的社会声望就越高。

假设 9c：城市新移民所拥有的社会资本越丰富，其对工作的满意度就越高。

为了比较人力资本理论和社会资本理论对个人职业地位获得结果的相对贡献，我们提出下面一组假设：

假设 10a：按照人力资本理论，人力资本比社会资本对城市新移民的职业收入的贡献大。

假设 10b：按照人力资本理论，人力资本比社会资本对城市新移民的职业声望影响更大。

假设 10c：按照人力资本理论，人力资本比社会资本对城市新移民的职业满意度影响更大。

[1]　Granovetter, Mark. "Economic Action and Social Structure : The Problem of Embeddedness.", *American Journal of Sociology*, 1985. 91（3），pp481-510.

[2]　[美]林南：《社会资本：关于社会结构与行动的理论》，张磊译，上海：上海人民出版社 2005 年版，第 59 页。

与人力资本理论的主张相反，

假设 11a：按照社会资本理论，社会资本比人力资本对城市新移民的职业收入的贡献大。

假设 11b：按照社会资本理论，社会资本比人力资本对城市新移民的职业声望影响更大。

假设 11c：按照社会资本理论，社会资本比人力资本对城市新移民的职业满意度影响更大。

在格兰诺维特那里，弱关系理论之所以具有优势，原因就在于弱关系可以帮助个人超越其所处的较小的、界定严格的交往圈子，使其能够和无法直接接近的那部分社会结构建立联系，从而通过弱关系，社会上那些距离自己较远的观念、影响和信息可以抵达到自己。因此，格兰诺维特推测，运用弱关系在传播信息与影响、提供流动机会和帮助社区履行功能中发挥着重要的作用。[1] 正是由于弱关系大大地扩展了职业流动者所能接触到的社会范围和社会成员的数量，所以求职者可能接触到的信息就越多，而且信息不重复的可能性也越大，这就有助于求职者找到更好的工作。"弱关系"理论指出，弱关系在传递信息方面比强关系更具有优势。也就是说，弱关系传递有用的工作机会的概率比强关系高。这样弱关系所可能连接的工作就更好。而且，从蒙格麦瑞的"网络结构"的观点来看，网络结构可能是关键的自变量。假如弱关系传递工作机会的概率比强关系高，或者弱关系传递的工作机会分布比强关系好，那么保留工资就随着弱关系比例的升高而升高。[2] 所以，如果弱关系分布更广，那么随着弱关系比例的增加，求职者在劳动力市场上的求职结果就越好。

---

[1]　Lin, Nan.Ensel, Walter M. & Vaughn, John C. "Social Resources and Strength of Ties : Structural Factors in Occupational Status Attainment.", *American Sociological Review*, 1981(46), pp 393-405.

[2]　Montgomery，James D. 1992. "Job Search and Network Composition : Implications of the Strength-of-Weak-Ties Hypothesis.", *American Sociological Review* 57, pp586-596.

据此，我们可以提出以下假设：

假设 12a： 同强关系相比，通过弱关系找到的工作的收入较高。

假设 12b： 同强关系相比，通过弱关系找到的工作的社会声望较高。

假设 12c： 同强关系相比，城市新移民对通过弱关系找到的工作更为满意。

但是，边燕杰的强关系理论认为，工作更多是通过强关系而非弱关系渠道获得的。边燕杰等人通过对天津劳动力流动的调查发现，在再分配体制下，找工作的人往往是通过强关系的帮助获得想要的工作的。即使当求职者没有可用的直接关系或直接关系太弱而需要通过间接关系找到最终帮助者时，能够有效地把求职者和最终帮助者联系起来的间接关系是强关系而非弱关系。强关系的优势并不只体现在计划经济的时代，在双轨制和转型时期，即使在劳动力市场不断扩展的条件下，强关系仍然起着人情交换的作用。因为在中国文化背景下，社会网络中的"强关系"往往意味着相应的责任和义务，通过这种社会网络，求职者可以获得他们需要的帮助。

在格兰诺维特那里，弱关系之所以具有优势是因为弱关系相对于强关系具有传递更多新鲜信息的可能。但是边燕杰的调查发现，在中国制度背景下的劳动力市场上，重要的不是信息，而是得到工作控制代理人的影响。换句话说，如果通过个人社会关系网络传递的是影响而非信息，那么通过强关系而非弱关系更容易建立求职通道。他认为，虽然弱关系在传播信息中是有效的，但是基于信任和义务的强关系在获取代价更高、更能获得的影响时更有优势。

从以上讨论我们可以得出：

假设 13a： 同弱关系相比，通过强关系找到的工作的收入较高。

假设 13b： 同弱关系相比，通过强关系找到的工作的社会声望较高。

假设 13c： 同弱关系相比，城市新移民对通过强关系找到的工作更为满意。

社会资本是指通过社会关系获取的资源。它包含其他个体行动者的资源

（如财富、权力、声望和社会网络等），个体行动者可以通过直接或间接的社会关系获取到。所以，社会资本是嵌入在关系网中的资源。[1] 社会资本理论的基本命题就是行动的成功与社会资本正相关。[2] 换句话说，获取和使用好的社会资本导致更成功的行动。在个人的工具性行动中，接近自身拥有或能够获取更高价值资源的行动中是达到成功的捷径。这是因为，首先，中间人可以代表自我施加影响。中间人的位置越好，嵌入和控制的资源越好，有益于自我的影响就越多。第二，中间人有优良的结构性视野，可以给自我提供更好的信息。第三，一个处在好位置的中间人，拥有嵌入性和控制性资源，呈现良好的社会信用，因此，如果他愿意作为中间人，会确保或提供自我的社会信用。最后，接触一个身处好位置的中间人的能力，本身就提供了自我在下一步的互动与行动中的信心和自尊，这可能是实现行动目标所必需的。因此，社会资本理论中最主要的命题就是，行动的成功与社会资本正相关。[3] 把这一理论应用到劳动力市场中，根据林南的社会资本理论，社会网络决定了个人在找工作过程中可以动用或获取的信息或影响方面的帮助。其一般性命题就是，动用社会资源可能导致更好的求职结果。[4] 因此，我们可以得出以下具体假设：

假设 14a：关系人的地位越高，城市新移民获得的职业收入越高。

假设 14b：关系人的地位越高，城市新移民获得职业的社会声望越高。

假设 14c：关系人的地位越高，城市新移民对获得的工作满意度越高。

假设 14d：关系人所在的单位越好，城市新移民获得的职业收入越高。

---

[1] [美]林南：《社会资本：关于社会结构与行动的理论》，张磊译，上海：上海人民出版社 2005 年版，第 42 页。

[2] [美]林南：《社会资本：关于社会结构与行动的理论》，张磊译，上海：上海人民出版社 2005 年版，第 74 页。

[3] [美]林南：《社会资本：关于社会结构与行动的理论》，张磊译，上海：上海人民出版社 2005 年版，第 59—60 页。

[4] Lin. Nan. "Social Resources and Instrumental Action.", pp131-145. in *Social Structure and Network Analysis*，Marsden, P. V. & Lin, Nan(eds). Beverly Hills, CA : Sage. 1982.

假设 14e：关系人所在的单位越好，城市新移民获得职业的社会声望越高。

假设 14f：关系人所在的单位越好，城市新移民对获得的工作满意度越高。

结构洞理论指出，关系网络的结构模式决定了关系拥有者从关系网获得的回报率的高低。结构洞通过三种信息收益——摄取（access）、时机（timing）和举荐（referrals）——形成竞争性的优势。因此，社会网络中的结构洞越丰富，则这种结构的社会网络就越优越，个人能够获得的收益就越大。根据这一理论，可以提出以下假设：

假设 15a：城市新移民的社会关系网中结构洞愈多，其职业收入愈多。

假设 15b：城市新移民的社会关系网中结构洞愈多，其职业的社会声望愈高。

假设 15c：城市新移民的社会关系网中结构洞愈多，其对职业的满意程度愈高。

图 4-1 是本书研究的基本思路框架：

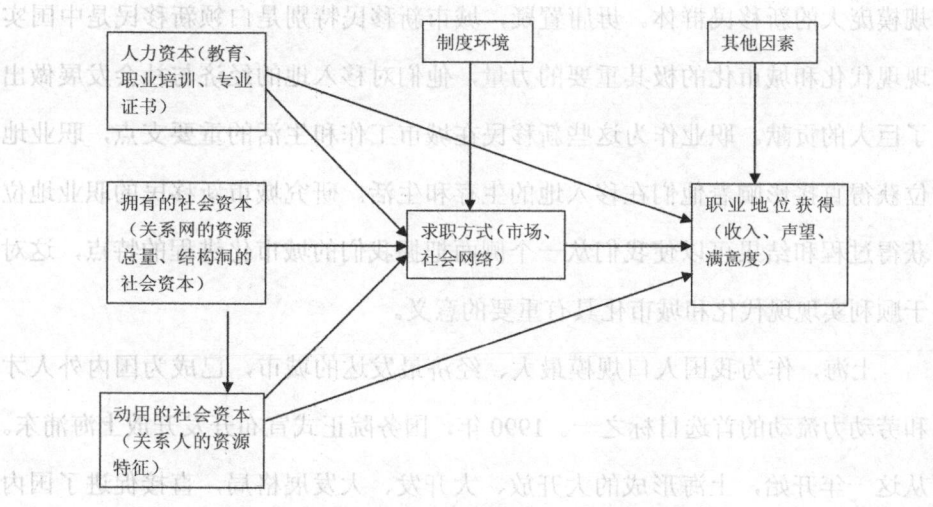

图 4-1 本书研究的基本思路框架

第五章 研究设计

第一节 研究对象

　　1992 年邓小平"南巡讲话"后，全国掀起了新一轮开放开发的热潮。在这一宏观社会背景下，各级各类人才大量涌向沿海开放城市，特别是一些大城市，如上海、广州、北京、深圳等，从而在这些沿海大中城市形成了一支规模庞大的新移民群体。毋庸置疑，城市新移民特别是白领新移民是中国实现现代化和城市化的极其重要的力量，他们对移入地的经济与社会发展做出了巨大的贡献。职业作为这些新移民在城市工作和生活的重要支点，职业地位获得直接影响着他们在移入地的生存和生活。研究城市新移民的职业地位获得过程和结果可以使我们从一个侧面把握我们的城市化进程的特点，这对于顺利实现现代化和城市化具有重要的意义。

　　上海，作为我国人口规模最大、经济最发达的城市，已成为国内外人才和劳动力流动的首选目标之一。1990 年，国务院正式宣布开发开放上海浦东。从这一年开始，上海形成的大开放、大开发、大发展格局，直接促进了国内外人才和劳动力向上海聚集。根据上海市人口计生委 2007 年底公布的数据，

2007年上海共有常住外来人口499.22万人，占上海市1 858万常住人口的26.87%。[1]另一方面，1990年代初也是我国劳动力市场逐渐发育成长的开端，劳动者自主就业的新格局开始形成。正是基于以上两点，我们选择以1992年以后来到上海创业或就业的白领移民作为本书研究的所谓城市新移民的代表。与以往研究不同，我们主要关注那些凭借人力资本或专业技术知识优势到上海寻求更好发展机会的白领新移民，不管他们是否取得了上海户籍。因此，本研究的抽样总体是1992年以后依据上海、在企事业单位从事专业技术、教育、管理和文职工作、18岁以上的白领新移民。

具体选取样本的标准为：（1）生长地不在上海；（2）在上海工作或生活一年以上；（3）到上海的时间为1992年后；（4）年龄为20—55岁之间；（5）目前从事的工作相对稳定。

根据以上标准，我们访问的具体对象大致分为以下7类：私营企业主（包括大小老板类的人）、各类企业中的经理/部门经理及其以上的人、各类企业中的专业技术人员（包括医生、护士）、各类企业中的文职人员、各类学校中的教师及行政人员、党政机关中的公务员和文员、技术工人和非技术工人。

在调查过程中要求调查员充分重视以下几点注意事项：对象在年龄、性别和职业上尽可能保持一定的分散性；对象级别尽可能选择不同职位的人；对象选择考虑各区经济发展水平；近郊远郊及移民居住的区域性差异。

第二节　研究工具

本次研究主要采用结构性访谈（structured interview）的形式，使用的调

---

[1]　资料来源：http://www.popinfo.gov.cn/popinfo/pop_docrkxx.nsf/v_tjzl/04EE0F42BD7A3495482574590014FCE9。

查问卷是我们编制的。在编制问卷前，我们先围绕要调查的主要问题开放式地访问了一些研究对象，与之进行交谈，留意观察对象的反应，熟悉和了解基本情况。在做了研究前期的探索性工作之后，课题组成员根据研究目的设计问题，然后进行了多次细致讨论，初步确定问题的形式和内容。需要说明的是，我们本次使用的调查问卷主要借鉴了国外社会网络研究中得到广泛采用的两种测量社会资本的方法：定名法（name generators）和定位法（position generators）。定名法通常是问被访者一个或几个关于某种角色关系（如邻里、工作）、内容领域（如工作事务、家庭杂务）或亲密关系（如信任的、最亲密的互动）中的交往者的问题。这些问题会产生一张包括 3 到 5 名、或者是被访者所提到的所有交往者的名单。这些名单可以确定被访者与交往者之间的关系，交往者之间的关系，以及交往者的特征（性别、年龄、种族、教育、职业）。定名法的问题在于获得的数据往往反映了强关系、强角色关系或受地理约束的关系。定位法是用社会中特征显著的结构位置（职业、权威、工作单位、阶级或部门）作为指标，要求回答者指出每一位置上是否有交往者。而且，还有确定自我与每一位置上的交往者之间的关系。定位法研究的不是内容或角色领域，而是等级位置。它是内容无涉和角色或位置中立的。因此，定位法计算和测量的不是来自生成的具体名字（人）的数据，而是结构性位置的接触。[1]

　　在将问卷初步设计完成后，我们还进行了试调查。根据试调查中反馈的问题，我们逐一对问卷初稿进行了认真分析和修改，最后定稿。（正式的调查问卷见附录）

---

　　[1]　[美] 林南：《社会资本：关于社会结构与行动的理论》，张磊译，上海：上海人民出版社 2005 年版，第 86 页。

第三节　资料的收集

由于上海现行户籍政策的限制，许多工作和生活在上海的新移民并没有上海户籍，甚至都没有办理居住证或暂住证，因此目前无法获得一个白领新移民的完整抽样框；此外，大部分白领新移民在整个社会结构中的位置基本上属于中间阶层，他们与处于弱势地位的农民工有着本质的区别，他们更为关注自我的感受，所以他们接受和配合一般社会调查的可能性大大降低。

有鉴于此，我们采用了受访者推动抽样（RDS）方法。该方法在传统"滚雪球抽样"方法的基础上，结合社会网络分析的理论和方法，使研究者有可能根据样本对总体特征做出合理的推论，特别适合于研究规模和边界不太清楚的、不愿意暴露身份的隐藏人口如下岗和失业职工、无家可归者、新移民等。[1]

资料收集以研究团队成员个人社会网络中符合条件的调查对象作为起点，通过这些调查对象获得更多的潜在被访者的基本信息，然后再通过他们扩大样本范围。

资料收集是运用结构性问卷通过面访和电话访问两种方式进行的：以课题研究者个人社会网络中适合的调查对象开始，通过他们得到更多的调查对象，然后再通过他们扩大样本范围。为了保证调查质量，在调查过程中仅对于研究对象认识的潜在被访者作了二级抽样，即抽取与研究团队成员和调查员直接认识及通过成功访问的调查对象直接认识的被访者。

调查工作从 2007 年 4 月初开始，到 5 月底完成。调查员由上海大学社

---

[1]　参见赵延东、Pedersen：《受访者推动抽样：研究隐藏人口的方法与实践》，载于《社会》2007 年第 2 期。

会学系博士、硕士研究生及本科学生构成,在访谈前经过了系统的专业培训。通过滚雪球方法获得了 1 150 份样本的联系方式、家庭或工作单位地址,有885 名同意接受面谈或电话访问,拒访率为 23.1%。在成功访问的样本中,经过逻辑检验,又剔除了部分问题拒绝回答或漏答的问卷,最后获得有效样本 539 份。

第四节　变量的操作化及测量

一、自变量

(一) 人力资本的测量

我们采用三种办法测量人力资本:

第一,教育程度。原始问卷上教育水平的分类为:未受过正式教育、小学、初中、高中、职业高中、技校、中专、职大/电大、大专、大学本科、研究生及以上等 11 个类别。在统计分析中,我们把这些类别合并后分为 5 类,由低到高分别是:初中及以下学历、高中/职高/技校/中专、大专/职大/电大、本科和研究生及以上。在回归分析中,我们进一步把教育水平转化为受教育年数,这样就可以将其作为间距变量直接纳入模型。

第二,专业技术资格证书。我们询问被访者是否获得过专业技术资格证书。在得到肯定回答后,我们又进一步为被访者提供了一组答案,让他们在这些答案中辨认获得了几种专业技术资格证书。分四个级别,由低到高分别是:从未获得、1 种、2 种、3 种及以上。

第三,职业培训。我们询问被访者是否接受过与工作岗位相关的正规职业培训的情况。分五个级别，由低到高分别是：从未参加、1次、2次、3次和4次及以上。

（二）获取的社会资本的测量

我们通过"拜年网"来测量城市新移民所拥有的社会网络资本。参考边燕杰、李煜的做法，我们把地位资源总量作为测量城市新移民的社会网络资本的最终指标。在原始问卷中，我们的问题是，"在2007年春节期间，以各种方式互相拜年、交往的亲属、亲密朋友和熟人中，有没有在下列工作单位工作的？""他们里面有没有从事下列工作的？"我们在当前中国社会的职业表中挑选出18种具有代表性的职业，列示在原始问卷中让城市新移民勾选，以确定其上一年的拜年网中是否有人从事这18种职业中的任何一种。如果有从事者，不管人数，均计分为1；如果没有，则计分为0。同理，我们根据单位性质把中国当前的单位分为7种，列示在原始问卷中让城市新移民勾选，以确定其上一年的拜年网中是否有人处于这7种单位中的任何一种。如果有，则不管人数，均计分为1；如果没有，则计分为0。具体赋值和计算情况参见第六章表6-8。

（三）动用的社会资本的测量

在原始问卷中，我们询问了被访者在找现职的过程中是否使用了社会关系网络，包括动员了父母及直系亲属的直接帮忙，以及熟人和朋友的推荐、介绍。如果动用了关系人，我们进一步询问关系人的管理职务，提供的答案包括：政工/党务类管理、行政类管理、技术类管理、经营类管理和不从事任何管理工作。我们把前四类合并为一类，即"从事管理工作"。另一类就是"不从事任何管理工作"。这样就产生了一对二分变量，在统计分析时，我们把这个变量变为虚拟变量，前者赋值为1，后者赋值为0，作为参考变量。

我们还用关系人所处的单位地位作为测量其资源状况的指标。我们询问被访者其关系人所在单位的性质，提供的答案包括：党政机关、国有企业、国有事业、集体企事业、个体经营、私营/民营企业、三资企业和其他类型。我们采用边燕杰和李煜（1999）对单位地位的附分标准进行赋值。具体赋值情况参见第六章表6-8。

（四）关系强度的测量

1. 直接关系

我们询问被访者在他们求职过程中起关键作用的人的一些情况。这由两个问题构成。其一是被访者与关键人之间的熟悉程度。我们把关系的熟悉程度分为四类：不认识（=1）、不太熟（=2）、比较熟（=3）和非常熟（=4）。把前两个合并为一类，即"弱关系"，把后两个合并为一类，即"强关系"。其二是被访者与关键人的亲密程度。我们把关系的亲密程度分为四类：谈不上亲密（=1）、不太亲密（=2）、比较亲密（=3）和非常亲密（=4）。把前两个合并为一类，即"弱关系"，把后两个合并为一类，即"强关系"。

2. 间接关系

我们询问被访者"在您找工作的过程中起关键作用的这个人与招工主事人之间的关系如何"，也就是了解关键人与招工主事人之间的熟悉程度。提供的选项有：不认识、不太熟、比较熟、非常熟或主事人。[1] 我们把关系的熟悉程度分为四类：不认识（=1）、不太熟（=2）、比较熟（=3）和非常熟（=4）。把前两个合并为一类，即"弱关系"，把后两个合并为一类，即"强关系"。

---

[1] 这里的一个选项是"主事人"，如果关键人就是主事人的话，那么被访者和关键人之间就是直接关系，而非间接关系。因此，我们在统计间接关系时，把选"主事人"选项的个案删除。

3. 强弱关系

在原始问卷中，我们询问被访者，在他找目前工作的过程中，他和起关键作用的人的相熟程度、亲密程度以及信任程度如何，提供的选项分为四类：不认识（=1）、不太熟（=2）、比较熟（=3）和非常熟（=4），谈不上亲密（=1）、不太亲密（=2）、比较亲密（=3）和非常亲密（=4），谈不上信任（＝1）、不太信任（＝2）、比较信任（＝3）和非常信任（＝4）。我们将被访者在这三个问题上的得分相加获得他们和关键人之间关系强度的总得分。

4. 结构洞的社会资本的测量

根据伯特（Burt）的经典研究，如果一个网络中陌生人所占的比例较高，那么网络的核心人物（即自我）可以充当这些互不认识的人的桥梁，他／她凭借其"结构洞"的地位优势可以发挥控制、信息和影响等作用。结构洞依据讨论网成员之间的熟悉程度来测量。除自我以外，讨论网成员之间的熟识程度越低，则表示自我社会关系网络中的结构洞越丰富；反之亦然。我们的问题是，"大多数人时常会和他人讨论重要的问题。在过去半年内，您和谁讨论过对您来说是重要的问题呢？这些人可以是您的配偶、家人、亲戚、同事、老同学、邻居、朋友及其他人等"。我们让其提供5个以内的重要问题讨论网成员（除本人外）。在被访者提供了之后，我们进一步询问被访者"讨论网"成员之间以及这些成员和被访者之间的熟悉情况。提供的答案有：不认识、不太熟、比较熟和非常熟。被访者的社会关系网络中的结构洞根据其成员之间的熟识情况得分来计算，熟识情况的计分由低到高分别是：不认识（=4），不太熟（=3），比较熟（=2），非常熟（=1）。整个网络的结构洞分值依据这一计分标准加总获得。

二、因变量

（一）找职方式

我们让被访者在问题所提供的一组答案中辨认，在他们来上海找工作或创业时收集工作信息或经营信息的渠道：广告、互联网、报纸＼电台＼电视台等媒体、中介机构、单位／公司、政府主管部门、各类社会关系。

我们进一步询问被访者实际使用的找工作或寻求创业帮助的渠道。我们列出了一组典型的求职渠道：父母及直系亲属帮忙、国家安置／组织调动、个人直接申请、职业介绍机构、熟人和朋友介绍推荐、自雇。我们把"父母及直系亲属帮忙"和"熟人和朋友介绍推荐"合并为一类，即"网络方式"；把"个人直接申请"、"职业介绍机构"和"自雇"合并为一类，即"市场方式"；"国家安置／组织调动"为一类，即"制度方式"。因为新移民可能采用多种找职方式，所以我们进一步让其给出，在以上的几种渠道中，他们获得目前工作的最主要的渠道。

（二）求职结果

（1）工作收入：我们询问被访者个人的现职月收入（包括工资、各种奖金、补贴、分红、股息、经营性纯收入、银行利息、馈赠等所有收入），以元为单位。在统计分析时，我们对之取自然对数，使之更加符合多元线性回归的条件。

（2）职业声望：根据被访者在问卷中填写的具体工作岗位转化获得。李春玲（2005）通过全国性的调查得出了81种职业声望得分，在此，我们以该81种职业声望得分为基准，将被调查者填答的具体工作岗位与之对照、归类、汇总得到被调查者的职业声望得分，对于个别被访者填答的职业岗位在李春玲的研究中没有列出的，我们根据岗位所在的行业、阶级层次、专业技术水平等按照相似岗位的职业声望得分归类；对于个别职业岗位，被访问者没有详细列明的，如教师，未明确划分大学教师、高中教师、小学教师，我们按照上述三类教师的平均职业声望得分来赋值；工人，未明确标示是何种岗位的，按照所填答的行业内部的平均工人的职业声望得分来赋值，由于未明确填答岗位的样本数量不大，因此基本上符合随机原则，处理后未对样本数据产生实质性的影响。（具体职业的社会声望赋分参见附录二）

（3）职业满意度：在测量被访者对自己工作的主观满意度时，我们设计了一组问题，让被访者根据自己的感受做出评价。这些问题涉及与工作相关的八个方面，分别是薪水、福利待遇、单位/公司内的升迁机会、工作自主性、对以后发展的帮助、工作量、公司劳动条件与设施、职业的社会声望。满意度按五个级别来测量，由低到高分别是：很不满意（=1），不很满意（=2），一般（=3），比较满意（=4），非常满意（=5）。如果被访者选择不好说/不适用，则被视为缺失值，不进入计算。把被访者在这八个项目上的得分加总，得到被访者对自己工作的总体满意得分。问题如表5-1：

表 5-1

您对下列现状 的满意情况	非常 满意	比较 满意	一般	不很 满意	很不 满意
1. 薪水	5	4	3	2	1
2. 福利待遇	5	4	3	2	1
3. 工作量	5	4	3	2	1
4. 公司劳动条件与设施	5	4	3	2	1

三、控制变量

（1）年龄：为被访者在2007年4—5月进行调查时的实足周岁。在做统计分析时，我们把年龄的平方项也引入模型中。这样做的原因在于，一般情况下，在进入劳动力市场的初期，随着工龄或年龄的增加，劳动者的工资先会有一段上升期，到达一个峰值后，逐渐稳定并缓慢下降，一直持续到其退休。

（2）性别：为二分变量。在统计分析时，男性赋值为 1，女性赋值为 0。以女性为参照类别。

（3）婚姻状况：原始问卷中分为未婚、已婚、离婚未再婚、离婚后再婚、丧偶未再婚和丧偶后再婚 6 类。我们把未婚、离婚后未再婚和丧偶未再婚合并为一类，即"未婚"，编码为 0；把已婚、离婚后再婚和丧偶后再婚合并为一类，即"已婚"，编码为 1。

（4）政治面貌：原式问卷中分为中共党员分为中共党员、团员、民主党派和群众四类。我们把后三类合并为一类，即"非中共党员"。这样，政治面貌分为两类：中共党员和非中共党员。在统计分析时编码为虚拟变量：中共党员为 1，非中共党员为 0。

第五节　分析方法

本研究使用的分析方法主要有两类：

一是多元线性回归分析（multiple linear regression analysis）。

这种分析方法主要应用于以两个或两个以上的自变项来预测一个因变项的数值。其另一个作用是比较各个自变项的影响力的大小。也就是说，多元线性回归分析可以使每个 X 变项相互控制，之后比较它们的相对效果（李沛良，2002）。另外，这种分析方法一般是当因变量为定距变量时使用。

多元线性回归分析的一般方程式为：

$$Y = \beta_0 + \beta_1 X_1 + \beta_2 X_2 + \cdots + \beta_k X_k + \varepsilon_k$$

其中 β_0 为回归方程式的截距，β 为净回归系数（partial regression coefficient），代表在控制其他的 X 变项以后其相应的 X 变项对 Y 变项的效果。

如果要比较各个自变项的相对效果，需要采用标准化多元线性回归方程式：

$$Y = \beta_1 X_1 + \beta_2 X_2 + \cdots + \beta_k X_k$$

这里，β 值为标准净回归系数，可以用来表示相应的 X 对 Y 影响的大小和方向。

本文的中心问题之一是比较人力资本和社会资本因素对城市新移民的求职结果的影响，我们用收入、职业声望和工作满意度三个指标代表求职结果。这三个指标都是定距变项，符合多元线性回归分析的要求。由于求职者的个人特征（如性别、年龄、政治面貌、婚姻状况）也会对求职结果产生影响，所以将求职者的人力资本和社会资本以及个人特征变项一起纳入方程式中，如下：

$$Y = \beta_0 + \beta_1 X_1 + \beta_2 X_2 + \beta_3 X_3^2 + \beta_4 X_4 + \beta_5 X_5 + \beta_6 X_6 + \beta_7 X_7 + \beta_8 X_8 + \varepsilon$$

其中，Y 表示求职结果（收入、职业声望、工作满意度），β_0 为常数项，ε 表示残差，β 表示系数。X_2 表示性别、X_2 表示年龄，X_3^2 表示年龄的平方，X_4 表示政治面貌，X_5 表示婚姻状况，X_6 表示找职方式（市场方式、网络方式），X_7 人力资本（受教育年数、职业培训次数、专业技术资格证书数），X_8 表示社会资本（社会网络资本总量、关系强度、结构洞的社会资本）。X_1、X_4、X_5 和 X_6 为二分变量，取值为 1 和 0。

二是对数比率回归（logistic regression）。

本文的另一个中心问题是考察人力资本和社会资本对求职者的找职方式的影响。由于找职方式（市场、网络）是一个定类变量，所以对这一问题的统计分析将采用对数比率回归方程。本文的找职方式是二分变量，二分变项的方程式为：

$$\log\left(\frac{P}{1-P}\right) = a + \sum \beta_i X_i \quad (\text{其中 } i = 1,2,3,\ldots n)$$

在本文中，方程式如下：

$$\log\left(\frac{P_1}{P_0}\right) = a + \beta_1 X_1 + \beta_2 X_2 + \beta_3 X_3 + \beta_4 X_4 + \beta_5 X_5 + \beta_6 X_6$$

其中，P_1 表示市场方式，P_0 表示网络方式，X_1 表示性别、X_2 表示年龄，X_3 表示政治面貌，X_4 表示婚姻状况，X_5 表示人力资本（受教育教育年数、职业培训次数、专业技术资格证书数），X_6 表示社会资本（社会网络资本总量、关系强度、结构洞的社会资本）。X_1、X_3 和 X_4 为虚拟变项。

第六章 城市新移民的人力资本与社会资本

　　本章将对城市新移民样本进行一些描述性的统计分析，主要目的是对城市新移民的基本情况有一个整体性的认识，以及对后文分析中将要涉及的主要变量进行概括性的统计描述。本章的内容安排如下：第一部分是描述城市新移民样本的基本情况。第二部分是描述城市新移民所拥有的人力资本状况。第三部分是描述城市新移民所拥有的社会资本状况和结构洞的社会资本状况。第四部分是描述城市新移民的职业地位状况。

第一节　样本的基本情况

　　本次城市新移民调查的总数量为 599 人。根据前文对城市新移民的定义，我们删除了与这一定义不符的个案，最终获得的样本数量为 539 个。样本中性别比例基本持平。其中男性 290 人，女性 249 人，分别占样本总数的占53.8％和46.2％。

　　城市新移民在总体上比较年轻，平均年龄为 28 岁，年龄最大的为 55 岁，年龄最小的为 18 岁。从年龄的分段来看，30 岁以下的人数为 423 人，约占样本总数的 78.5％；31—35 岁为 60 人，约占样本总数的 13％；35 岁以上的为 46 人，约占样本总数的 8.5%。

大多数城市新移民为未婚。在我们的调查样本中，未婚的为 354 人，占样本总数的 65.7%。已婚的为 176 人，占 32.7%。

在政治面目上，36.2% 的城市新移民为中共党员，为 195 人；团员的数量为 178 人，占样本的 33%；群众为 164 人，占 30.4%。如果把政治面目大致划分为中共党员和非中共党员两类，那么非中共党员（团员、民主党派、群众）为 397 人，占样本总数的 63.8%。

有接近一半的城市新移民取得了上海市户口，取得上海市非农业户口的人数为 225 人，占 41.7%。没有取得上海市户口而是以居住证或暂住证工作和生活在上海市的城市新移民为 225 人，这一比例为 41.7%。如表 6-1 所示：

表 6-1　城市新移民的个人基本特征

	数量（人）	百分比（%）
性别		
男	290	53.8
女	249	46.2
总数	539	100.0
婚姻状况		
已婚	176	32.7
未婚	354	65.7
离婚未再婚	4	0.7
离婚后再婚	3	0.6
总数	537	99.6
政治面目		
中共党员	195	36.2
团员	178	33.0

	数量（人）	百分比（%）
民主党派	1	0.2
群众	164	30.4
总数	538	99.8
户口		
本市非农业	225	41.7
本市农业	7	1.3
居住证	108	20
暂住证	117	21.7
其他	80	14.8
总数	537	99.6
年龄		
25 岁以下	190	35.3
26—30	233	43.2
31—35	70	13.0
36—40	28	5.2
41 岁以上	7	1.3
总数	539	100.0

表 6-2 显示了城市新移民所处的单位情况。大部分城市新移民的工作单位为私、民营企业和三资企业，分别占到 26.3% 和 25.6%，把这两者合并起来占到样本数量的一半以上；其次是国有事业单位，占 21%。在国有企业工作的为 49 人，占 9.1%，在党政机关工作的和从事个体经营的数量相当，在集体企事业单位中工作的新移民最少，仅占样本的 1.7%。如果按照国有（党

政机关、国有事业、国有企业、集体企事业）和非国有性质（个体经营、私民营企业、三资企业）划分的话，那么在非国有性质单位工作的新移民多于在国有性质单位工作的，前者为 57.5%，后者为 37.1%。可见，多数城市新移民的工作去向是非国有性质单位。

表 6-2　城市新移民所在的单位分布

单位性质	数量（人）	百分比（%）
党政机关	29	5.4
国有企业	49	9.1
国有事业	113	21.0
集体企事业	9	1.7
个体经营	30	5.6
私、民营企业	142	26.3
三资企业	138	25.6
其他	29	5.4
总数	539	100.0

　　表 6-3 列出的是城市新移民所从事的行业分布。城市新移民主要集中在教育、文化艺术业、广播电影电视业和制造加工业，分布在这些行业的比例分别是 20% 和 18.7%。其次是批发零售业、贸易餐饮业和科研、技术类行业，其所占的比例分别是 12.4% 和 10.4%。其他一些行业，如国家党政机关、交通运输类以及金融、保险业行业也有少量分布。从城市新移民所从事的行业来看，他们所处的行业主要是一些专业技术类行业，这也就表明本次调查的城市新移民样本符合在前文中所界定的城市新移民群体。

表 6-3　城市新移民在各种行业中的分布

行业	数量（人）	百分比（%）
农林牧渔业	1	0.2
采掘业	2	0.4
制造和加工业	101	18.7
电力、煤气及水的生产和供应业	9	1.7
建筑业	22	4.1
交通运输、仓储及邮电通信业	36	6.7
批发和零售、贸易餐饮业	67	12.4
金融、保险业	30	5.6
房地产业	9	1.7
社会服务业	56	10.4
卫生体育和社会福利业	5	0.9
教育、文化艺术及广播电影电视业	108	20.0
科学研究和综合技术服务业	55	10.2
国家机关、党政机关和社会团体	38	7.1
总数	539	100

　　也许只有城市才能够为人们提供发挥才干的空间和舞台，也许是城市里的机会更多，总之，大部分城市新移民是为了工作而移居上海的，在表 6-4 中，这一比例占到 71.2%。另一个主要原因是升学的缘故，经由这一途径而移居上海的城市新移民占 17%。第三个原因是因创业而移民上海，其比例接近 7%。

表 6-4　城市新移民移居上海的原因

移居上海原因	数量（人）	百分比（%）
工作／就业	383	71.2
家属团聚／随迁	11	2.0
升学	100	18.6
工作调动	1	0.2
创业	37	6.7
子女发展	2	0.4
其他	4	0.7
总数	538	99.8

在我们的样本中，最早移居到上海的新移民可以追溯到 1988 年。1997 年之前只有零零散散的城市新移民。此后，城市新移民的数量开始快速增加。到了 2000 年以后，开始出现大规模的城市新移民。这种状况一直持续至今。表 6-5 反映出样本中大部分城市新移民都是在 2000 年后来到上海的。

表 6-5　城市新移民移居上海的年份

来沪年份	数量（人）	百分比（%）
1986	1	0.2
1988	1	0.2
1990	2	0.4
1992	4	0.7
1993	4	0.7
1994	4	0.7
1995	7	1.3
1996	6	1.1

来沪年份	数量（人）	百分比（%）
1997	16	3.0
1998	15	2.8
1999	25	4.6
2000	53	9.8
2001	42	7.8
2002	53	9.8
2003	68	12.6
2004	62	11.5
2005	99	18.4
2006	75	13.9
2007	2	0.4
总数	539	100.0

第二节　人力资本状况

社会经济地位受到许多因素的影响，根据人力资本理论，以受教育程度为代表的人力资本因素是它的主要影响因素。我们的样本反映出城市新移民的受教育程度普遍比较高。表 6-6 的统计结果显示，初中以下文化程度的城市新移民为 8 人，占样本的 1.5%。受过高中阶段教育（包括职高、技校、中专）的为 39 人，占 7.2%。大专学历（包括职大、电大、大专）的城市新移民为 78 人，占 14.4%。拥有本科学历的城市新移民为 276 人，占 51.2%。研究生以上学历的为 138 人，占 25.6%。

表 6-6 城市新移民的人力资本状况

人力资本	数量（人）	百分比（%）
受教育水平		
小学	2	0.4
初中	6	1.1
高中	13	2.4
职高	1	0.2
技校	1	0.2
中专	24	4.5
职大、电大	5	0.9
大专	73	13.5
本科	276	51.2
研究生以上	138	25.6
合计	539	100.0
职业培训		
0 次	180	33.4
1 次	121	22.4
2 次	94	17.4
3 次	33	6.1
4 次以上	111	20.6
合计	539	100.0
资格证书		
0 个	287	53.2

人力资本	数量（人）	百分比（%）
1 个	154	28.6
2 个	62	11.5
3 个	36	6.7
合计	539	100.0

职业培训是增长人力资本的一种重要形式。在本次调查的城市新移民样本中，有 67% 的城市新移民至少接收过一次以上的职业培训。其中，22.4% 的城市新移民接受过一次职业培训，17.4% 的城市新移民接受过两次，6.1% 的城市新移民接受过三次，有 20.6% 的城市新移民接受过超过四次的职业培训。

在获得专业技术资格证书方面，有接近一半的城市新移民都获得了一种以上的专业资格证书。其中，获得一个专业技术资格证书的城市新移民有 154 人，占样本的 28.6%，获得两个的占 11.5%，获得三个专业技术资格证书的占 6.7%。

以上这些统计结果表明，城市新移民内部在人力资本方面存在的差异比较大，这对于我们接下来估计人力资本的效果比较有利。

为了便于后面的统计分析，我们把受教育程度转换为受教育年数，这样就可以获得一个定距变量。在对受教育程度进行赋值时，考虑到职高、技校和中专属于初中后教育，而且所受教育的年数与普通高中大致一样，所以我们把这三类都归入到高中学历。同样的缘由，我们把职大、电大这一类归入到大专学历。具体赋值情况见表 6-7。从表 6-7 中也可以看出，有超过 9 成的城市新移民受过大学（大专以上）教育。这显示出城市新移民整体上具有相当高的人力资本。

表6-7 人力资本的转换情况

原始变量	数量（人）	百分比（%）	新生变量
受教育水平			受教育年数
小学	2	0.4	6
初中以下	6	1.1	9
高中	39	7.3	12
大专	78	14.4	14
本科	276	51.2	16
研究生以上	138	25.6	19
合计	539	100.0	

第三节　社会资本状况

一、拥有的社会网络资本

社会网分析的一项重要任务就是测量个人的核心网络。核心网络预示着网络资源的多少。[1]边燕杰、李煜提出用"拜年网"来测量中国社会中个人所拥有的社会网络资本。因为在中国社会中，春节是最重要的传统节日，也是人们之间进行社会交往活动的热点时期，亲朋好友往往会在春节期间相互拜年祝贺。[2]也就是说，属于个人核心关系网络中的成员相互之间必定有拜

[1]　Marsden, Peter V. & Jeanne S. Hurlbert. 1988. "Social Resources and Mobility Outcomes: A Replication and Extension.", *Social Forces* 66, pp1 034-1 059.

[2]　边燕杰、李煜：《中国城市家庭的社会网络资本》，载于《清华社会学评论》（特辑）2000年第2期。

年活动。因此在本文中我们借鉴边燕杰和李煜的做法，以"拜年网"来测量城市新移民所拥有的社会网络资本。

在测量城市新移民个人社会网络中所蕴含的资源时，我们参考边燕杰、李煜的做法，把地位资源总量作为测量城市新移民的社会网络资本的最终指标。这一指标的具体计算过程如下：第一步，我们在当前中国社会的职业表中挑选出 18 种具有代表性的职业，列示在原始问卷中让城市新移民确定其上一年的拜年网中是否有人从事这 18 种职业中的任何一种。如果有从事者，不管人数，均计分为 1；如果没有，则计分为 0。同理，我们根据单位性质把中国当前的单位分为 7 种，列示在原始问卷中让城市新移民确定其上一年的拜年网中是否有人处于这 7 种单位中的任何一种。如果有，则不管人数，均计分为 1；如果没有，则计分为 0。综合参考了李春玲（2005）[1] 和边燕杰、李煜（2000）的赋值标准，我们对这 18 种职业及 7 类单位进行赋值，具体赋值情况见表 6-8：

表 6-8　新移民社会网络成员的地位构成

职业类型	职业地位平均分	本次调查所占的比例（％）	单位类型	单位地位平均分	本次调查所占的比例（％）
科研人员	88	28.5	党政机关	86	47.1
大学教师	88	39.4	国有事业	75	55.9
党群组织负责人	85	17.2	三资企业	70	50.3
政府机关负责人	85	27.5	国有企业	41	52.8
企事业单位负责人	83	28.5	私 / 民营企业	39	62.8
法律工作人员	80	30.1	个体经营	29	58.3

---

[1] 李春玲：《当代中国社会的声望分—职业声望与社会经济地位指数测量》，载于《社会学研究》2005 年第 2 期。

续表 6-8

职业类型	职业地位平均分	本次调查所占的比例（%）	单位类型	单位地位平均分	本次调查所占的比例（%）
中小学教师	77	52.1	集体企业	24	27.2
医生	75	34.7			
行政办事人员	70	47.4			
护士	69	20.4			
工程技术人员	68	43.4			
经济业务人员	66	46.2			
营销人员	60	56.6			
产业工人	55	39.1			
厨师、炊事员	45	14.4			
餐馆服务员	39	15.9			
保姆、计时工	10	6			
无业人员	5	29.9			

在以上操作方法的基础上，我们可以计算出四个变量：（1）城市新移民的拜年网成员所涉及的职业个数；（2）他们的职业地位总分；（3）城市新移民的拜年网成员所涉及的单位类型个数；（4）他们的单位地位总分。

在表 6-9 中，城市新移民的拜年网成员平均涉及 5.77 个职业类数，这一数值不仅高于赵延东（2001）在对武汉市下岗职工的同类研究中的发现，[1] 而且高于边燕杰和李煜（2000）对全国四个城市居民家庭社会网络资本研究中的发现。武汉市下岗职工拜年网成员平均涉及 4.53 个职业类数，四个城市居民所涉及的职业类数平均为 5.15 个。城市新移民拜年网成员的平均职业地

----

[1] 赵延东：《下岗职工的社会资本与再就业》，中国社会科学院 2001 年博士学位论文。

位总分为 389.17，这一数值同样大大高过武汉市下岗职工和四城市居民的拜年网成员的平均职业地位总分，武汉市下岗职工拜年网的平均职业地位总分为 233.40，四城市居民拜年网的平均职业地位总分为 310.50。城市新移民拜年网成员涉及的单位类数平均为 3.54 个，也高于武汉市下岗职工的 3.19 和四城市居民的 3.50。城市新移民拜年网的平均单位地位总分为 187.15，同样高于武汉市下岗职工的 140.03 和四城市居民的 181.36。新移民在以上四个指标上的得分都比以往赵延东对下岗职工以及边燕杰、李煜对中国城市居民的研究中相同指标上的得分要高。这表明，城市新移民所拥有的社会网络资本要高于一般普通城市居民所拥有的社会网络资本。

　　第二步，由于以上四个变量的测量内容和标准不一致，所以不能用简单相加的办法求出总和值。为了反映四个不同的变量对地位资源总量的相对重要性，我们对之进行因素分析。原始数据经过 KMO 及 Bartlett's 检验后发现，KMO 值为 0.636，Bartlett's 球形检验的值为 3 526.235，自由度为 6，显著性水平的值达到 0.000，这表明适合进行因素分析。

　　我们用主成分分析法进行因素萃取，并以最大变异法（Varimax）进行因素转轴，因素分析结果如下表所示。从表中可知，新移民所拥有的社会网络资本总量萃取了一个因子值为 3.300，解释变异量为 82.5%，这表明因素分析的结果能较好地代表原始变量。我们把所产生的因素分数转换成一个最低为 1、最高为 100 的分值。所求得的这个因子值即为城市新移民的地位资源总量。如果一个城市新移民的地位资源分值越高，则表明其拥有的社会网络资本越高，反之则越低。本研究将这个因素的因素分数储存起来，以进行后续的分析。

表 6-9　四个拜年网变量的因素分析结果（样本数 = 539）

变量	均值	标准差	因子负荷值	共同性
1. 职业类别总数	5.77	3.69	0.906	0.821
2. 职业地位总分	389.17	257.22	0.920	0.847
3. 单位类别总数	3.54	1.83	0.905	0.819
4. 单位地位总分	187.15	100.45	0.902	0.814
特征值			3.300	3.301
解释变异量				82.5%

	最小值	最大值	均值	标准差
因子值	− 1.89	2.73	0	1
转换后分值	1	100	40.92	21.63

二、"结构洞"的社会资本

我们询问城市新移民与他人讨论对自己而言重要的问题情况，让其提供一个最多不超过五个人的"重要问题讨论网"，然后进一步询问其讨论网成员之间的关系熟悉度，由此来计算城市新移民的"结构洞"的社会资本。由表 6-10 城市新移民的"结构洞"资本的描述统计结果可知，有效样本数量为 539 个，新移民所拥有的结构洞资本最大值为 40，最小值为 0，标准差为 11.86。

表 6-10　城市新移民的"结构洞"社会资本的描述统计

结构洞资本	数量（人）	百分比（%）	结构洞资本	数量（人）	百分比（%）
0	107	19.9	21.00	7	1.5
1.00	62	14.1	22.00	5	1.0
2.00	26	6.6	23.00	4	1.0
3.00	35	8.1	24.00	12	2.5
4.00	32	7.5	25.00	10	2.1
5.00	11	2.5	26.00	9	2.1
6.00	13	2.7	27.00	13	2.7
7.00	7	1.9	28.00	8	1.7
8.00	11	2.5	29.00	3	0.6
9.00	12	3.9	30.00	3	0.6
10.00	25	6.0	31.00	10	2.1
11.00	6	1.5	32.00	12	2.5
12.00	12	2.5	33.00	9	1.9
13.00	3	1.0	34.00	12	2.7
14.00	5	1.5	35.00	5	1.0
15.00	2	0.6	36.00	7	1.5
16.00	4	1.0	37.00	1	0.2
17.00	5	1.2	38.00	1	0.2
18.00	9	2.5	39.00	1	0.2
19.00	6	1.5	40.00	3	0.6
20.00	11	2.3	总数	539	100.0

最小值	最大值	均值	标准差
0	40.00	10.95	11.86

第四节 职业地位状况

一、职业收入

在原始问卷中，我们询问的是城市新移民月工作总收入的绝对值。这里我们以 500 元将此绝对值进行分段，然后进行描述性统计。表 6-11 列出的统计结果显示，职业城市新移民之间的职业收入差异比较大。样本中城市新移民月收入的平均值为 4 704.1 元，标准差为 5 436.8 元。其中，月收入最低的为 1 000 元，而月收入最高的人达到 8 万，显示出比较大的差异。

表 6-11　城市新移民现职的职业收入的描述性统计

月均收入（元）	数量（人）	百分比（%）	月均收入（元）	数量（人）	百分比（%）
1 000 以下	8	1.5	5 001—5 500	6	1.1
1 001—1 500	26	4.8	5 501—6 000	27	5.0
1 501—2 000	68	12.6	6 001—6 500	2	0.4
2 001—2 500	41	7.6	6 501—7 000	10	1.9
2 501—3 000	108	20.0	7 001—7 500	1	0.2
3 001—3 500	38	7.1	7 501—8 000	20	3.7
3 501—4 000	68	12.6	8 001 以上	38	7.1
4 001—4 500	14	2.6	总数	539	100.0
4 501—5 000	64	11.9			

最小值	最大值	均值	标准差
1 000.0	80 000.0	4 704.1	5 436.8

二、职业声望

表 6-12 列出的是城市新移民现职的社会声望的描述性统计结果。结果显示，城市新移民现职的社会声望的总平均分为 64.86。其中声望最高的职业是工程师，为 88 分，声望最低的职业是钳工，为 29 分。从职业类别的人数分布来看，大部分城市新移民所从事的是职业声望比较高的"白领"职业。这也表明我们所选的样本符合城市新移民的界定。

表 6-12　城市新移民现职社会声望的描述性统计

职业类别	得分	频数	%	职业类别	得分	频数	%
钳工	29	6	1.2	程序员	66	44	8.4
工人	37	16	3.1	私营企业老板	67	18	3.5
图书管理员	40	17	3.3	工程技术人员	70	43	8.3
保险推销员	46	41	7.8	公务员	71	21	4.0
护士	50	18	3.5	政府机关干部	72	13	2.5
会计	52	32	6.1	律师	76	12	2.3
采购员	57	37	7.1	中学教师	79	34	6.5
秘书	60	15	2.8	外资企业经理	80	12	2.3
小经营主	62	21	3.6	大学教师	85	52	10.0
调查员	64	27	5.2	工程师	88	26	5.0
高级顾问	65	18	3.5	总数		523	100.0

最小值	最大值	均值	标准差
29	88	64.86	13.68

三、工作满意度

我们从与工作相关的薪水、福利待遇、单位/公司内的升迁机会、工作自主性、对以后发展的帮助、工作量、公司劳动条件与设施、职业的社会声望八个方面来测量城市新移民对工作的满意程度，并以五个级别来赋分，由低到高分别是：很不满意（=1），不很满意（=2），一般（=3），比较满意（=4），非常满意（=5）。把城市新移民在这八个项目上的得分加总，得到其对自己工作的总体满意得分。

表6-13是城市新移民对现职满意状况的描述性统计。在537个个案中，满意程度得分最小的为7分，最高的为40分，总平均分为23.8分。

表6–13　城市新移民对现职满意程度状况的描述性统计

满意得分	数量（人）	百分比（％）	满意得分	数量（人）	百分比（％）
7	1	0.2	24	67	12.4
8	3	0.6	25	43	8.0
9	1	0.2	26	41	7.6
10	2	0.4	27	31	5.8
11	6	1.1	28	33	6.1
12	7	1.3	29	26	4.8
13	1	0.2	30	18	3.3
14	3	0.6	31	14	2.6
15	12	2.2	32	19	3.5
16	9	1.7	33	4	0.7
17	13	2.4	34	6	1.1
18	18	3.3	35	4	0.7

续表 6-13

满意得分	数量(人)	百分比(%)	满意得分	数量(人)	百分比(%)
19	34	6.3	36	2	0.4
20	23	4.3	37	1	0.2
21	32	5.9	38	1	0.2
22	32	5.9	40	2	0.4
23	28	5.2	总数	537	100.0

最小值	最大值	平均值	标准差
7	40	23.8	5.5

第七章　城市新移民的职业机会获得

以往有关中国劳动力职业获得或流动的许多研究发现，找职者主要是借助于社会关系网络而实现职业获得或流动的。[1] 那么，在当前中国劳动力市场日益完善背景下，有关职位的信息是如何到达求职者的？求职者是通过什么途径获得工作的？影响其选择求职渠道的主要因素是什么？本章的研究将回答以上问题。

本章的内容安排如下，第一部分对城市新移民如何获取求职信息及其找职方式进行统计性描述。第二部分分析城市新移民的人力资本对找职方式的影响。第三部分分析关系强度和找职方式的关系。第四部分分析城市新移民拥有的社会资本和结构洞的社会资本对找职方式的影响。

---

[1]　Bian, Yanjie. "Bringing Strong Ties Back In：Indirect Connection，Bridges，and Job Search in China.", *American Sociological Review,* 1997(62), pp366-85; Bian, Yanjie. and Ang, Soon. "Guanxi Networks and Job Mobility in China and Singapore.", *Social Forces,* 1997(75), pp981-1006. 彭庆恩：《关系资本与地位获得——以北京市建筑行业农民包工头的个案为例》，载于《社会学研究》1996 年第 4 期；边燕杰、张文宏：《经济体制、社会网络与职业流动》，载于《中国社会科学》2001 年第 2 期。

表 7-1

第一节 求职信息和找职方式的总体描述

一、求职信息

在劳动力市场上，实现人员和职位匹配的一个前提条件是求职者获知有关工作的信息。城市新移民是如何收集工作信息的呢？一般地，个人可以通过多种方式收集工作信息，最普通的方式是通过劳动力市场来获取，如广告、报纸、中介机构等等，比较特殊的途径是通过各种社会关系获知工作信息。在我们的调查问卷中，我们询问了被访者这样的问题："您从哪些渠道收集工作信息或经营信息"，备选的答案有"广告"、"互联网"、"报纸/电台/电视台等媒体"、"中介机构"、"单位/公司"、"政府主管部门"、"其他各类组织"、"各类社会关系"（答案可以多选）。表 7-1 显示的是城市新移民获取工作信息途径的分布情况。从表中可以看到，在各种获取工作信息的途径中，互联网是城市新移民使用最多的途径，为 34.3%，其次是关系网络，为 18%，报纸、电台、电视台等媒体占到 16.3%。如果把城市新移民获取工作信息的途径分为市场途径、社会网络途径和其他途径三大类（市场途径包括通过广告、互联网、报纸/电台/电视台等媒体、中介机构、单位/公司、政府主管部门以及其他各类组织收集工作信息；社会网络途径就是通过各类社会关系收集工作信息），通过市场途径获取工作信息的占到了 75.9%，而社会网络仍然为 18%。这一结果表明，城市新移民在找工作时主要是通过市场途径获取有关工作方面的信息；而社会关系网络在获取工作信

息方面显然居于次要位置。见表 7-1:

表 7-1　城市新移民获取工作信息途径的描述性统计

	频次	百分比（%）
原始方式		
广告	79	8.5
互联网	320	34.3
报纸 / 电台 / 电视台等媒体	152	16.3
中介机构	52	5.6
单位 / 公司	51	5.5
政府主管部门	25	2.7
其他各类组织	28	3
各类社会关系	168	18
其他	57	6.1
合并后		
市场途径	707	75.9
社会网络	168	18
其他途径	57	6.1

二、找职方式

表 7-2 是城市新移民在找工作过程中实际动用的求职渠道。从描述统计结果来看，城市新移民在找现职时使用最多的四种方式依次为个人直接申请（61.9%）、熟人和朋友的介绍推荐（18.2%）、父母及直系亲属帮忙（4.4%）和职业介绍机构（4.9%）。

我们把找职方式分为市场途径、社会网络途径、国家安置 / 组织调动和其他途径四类，把"个人直接申请"、"职业介绍机构"和"自雇"归为市场途径，把"父母及直系亲属帮忙"和"熟人和朋友介绍推荐"归为社会网络途径。这样可以看到，市场途径是城市新移民找工作时实际使用的最主要的途径，其次是社会关系网络。并且，使用市场途径的比例远远高过社会网络途径。

表 7-2　城市新移民找现职时实际使用的渠道

渠道	数量（人）	百分比（%）
父母及直系亲属帮忙	23	23
国家安置 / 组织调动	16	3.0
个人直接申请	327	61.9
职业介绍机构	26	4.9
熟人和朋友介绍推荐	96	18.2
自雇	17	3.2
其他	23	4.4
合并后		
市场途径	370	70
社会网络	119	22.6
国家安置 / 组织调动	16	3.0
其他途径	23	4.4
合计	528	100

　　总结以上分析，城市新移民一般都使用多种方式获取工作信息和求职，但是市场途径已经上升为城市新移民求职时最主要的方式，相比之下，社会网络在城市新移民的求职过程中的作用处于次要位置，国家行政分配和调动在城市新移民的求职过程中所起的作用非常微小。

　　这些结果说明在当前中国社会中，个人求职的方式发生了很大的变化。在计划经济时代，中国不存在劳动力市场，实行的是工作分配制度。在这种制度背景下，有关工作的信息是不公开的，仅在等级制的政府官僚体制内部流通。除非通过社会关系网络，否则求职者很难获知工作信息。而且，那时的情况是，信息在求职过程中并不重要，最重要的是通过关系网络获得帮助者的"影响"。边燕杰对1988年在天津的调查资料分析发现，通过社会关系网络的帮助获得第一份城市工作的占45％以上。[1] 在对从再分配到转型时代的职业流动情况研究中，研究者发现，虽然计划分配机制和市场机制此消彼长，后者逐步代替前者，但社会网络仍然是十分重要的流动机制，使用社会网络机制的比率高达85％。[2] 近年来，对不同求职群体的研究结果也不断提供了社会网络在职业获得中发挥重要作用的证据。在王毅杰和童星的研究中，70.9％的流动农民是通过网络机制获得初职的，尽管这一机制在获得现职中为48.7％，下降了22.2％，而市场机制由29.1％增加到51.3％，上升了22.2％，但是网络机制所占的比例仍然很高，和市场机制相差不大。[3]

然而，在我们对城市新移民的研究中，无论是职业信息的获取途径，还是城市新移民实际使用的求职渠道，或者是城市新移民获得现职的最主要的途径，结果是一致的，即市场是最主要的途径，社会网络仅居其次。这一点与以往研究形成了鲜明的对比。个人找职方式的这种作用反映出中国社会中劳动力市场所发生的巨大变化。倪志伟的市场转型理论指出，从再分配经济向市场经济的转型会引发权力的转移，从而有利于直接生产者；市场为直接生产者提供了更多的激励，报酬与个人的劳动绩效挂钩，从而激励个人更努力地工作；而且，这种转型也会带来一种以市场为中心的新的机会结构，开辟新的社会流动渠道。总之，在这一转型过程中，再分配的权力日益受到削弱，

---

[1] Bian, Yanjie. "Bringing Strong Ties Back In : Indirect Connection, Bridges, and Job Search in China.", *American Sociological Review*, 1997(62), pp366-385.

[2] 边燕杰、张文宏：《经济体制、社会网络与职业流动》，载于《中国社会科学》2001年第2期。

[3] 王毅杰、童星：《流动农民职业获得途径及其影响因素》，载于《江苏社会科学》2003年第5期。

而市场的作用不断上升。[1]

那么，我们所看到的这个结果是由什么导致的呢？换句话说，是什么决定着城市新移民对求职渠道的选择呢？是人力资本的机制还是各种社会网络的机制呢？为了进一步解释这一问题，我们接下来集中分析影响城市新移民选择找职方式的因素。

第二节 人力资本与找职方式

以受教育水平、接受职业培训和获得专业技术资格证书作为人力资本的测量指标，在忽略其他变量对找职方式影响的情况下，我们粗略地来看人力资本和找职方式的关系。总体上，随着人力资本的增加，城市新移民越倾向于通过市场途径来寻找工作，同时越少通过社会关系网络求职。在高中以下学历的城市新移民中，62%的人通过市场途径找工作，这一比例在本科学历的城市新移民中上升到75.5%。尽管这一比例在研究生以上学历的城市新移民中降到66.4%，但仍高于高中以下学历的城市新移民。与之对应的是，高中以下学历的城市新移民通过社会网络找工作的为31.3%，这一比例在本科学历这一组中降到17.5%。尽管在研究生学历这一组中有所回升，但仍然低于高中以下组的比例。

从职业培训次数来看，在没有接受过职业培训的这一组中通过市场途径找工作的比例为67.6%，而这一比例在接受了四次职业培训的这一组中上升到76.1%。相应地，没有接受过职业培训的这一组城市新移民通过社会网络找工作的比例为27.3%，接受四次职业培训的为13.8%。

没有获得专业技术资格证书的城市新移民有67.3%是通过市场途径找工

---

[1] 刘欣：《市场转型与社会分层：理论争辩的焦点和有待研究的问题》，载于《中国社会科学》2003年第3期。

作的，而获得了三个专业技术资格证书的是 80.6%。与之对应，没有获得专业技术资格证书的城市新移民通过社会网络找工作的为 24.2%，这一比例在获得三个专业技术资格证书的这一组中降到 13.9%。总之，不考虑其他变量影响，人力资本与市场找职方式呈正向关系，而与社会网络找职方式呈负向关系。这一结果在人力资本的不同指标之间是稳定一致的。见表 7-3：

表 7-3　人力资本与找现职途径的交叉分析表

自变量	找现职途径			
	市场（%）	网络（%）	其他（%）	数量（人）
教育水平				
高中以下	62.3	31.4	6.3	134
大专	62.5	31.0	6.5	269
本科	75.5	17.5	7.1	77
硕士以上	66.4	24.6	9.0	48
职业培训次数				
0	67.6	27.3	5.1	176
1	74.2	20.0	5.8	120
2	63.7	26.4	9.9	91
3	65.6	25.0	9.4	32
4	76.1	13.8	7.4	109
证书数量				
0	67.3	24.2	8.5	281
1	70.9	22.5	6.6	151
2	75.0	20.0	5.0	60
3	80.6	13.9	5.6	36

　　为进一步探讨人力资本和找职方式之间的关系，我们引入逻辑斯蒂回归

（Logistic Regression）分析模型。在原始问卷中，我们询问了被访者第一次来沪的找职方式和找现职的找职方式。因此，我们运用同样的分析模型分别对第一次来沪找工作的找职方式和找现职的找职方式进行回归，这样可以观察分析结果是否稳定。

表 7-4 报告了运用二元逻辑斯蒂回归（Binary Logistic Regression）模型对城市新移民两次求职进行回归的结果。因变量为找职方式，即市场方式或社会网络方式。需要说明的是，在原始问卷中第一次来沪的找职方式为多项选择，也就是说，城市新移民在实际求职过程中可能同时运用多种找职方式，为了区分出人力资本因素对找职方式的影响，我们把那些在第一次求职时只使用市场方式和只使用社会网络方式的样本挑选出来进行分析。模型 1 报告的回归结果表明在控制了年龄、性别、婚姻状况变量后，学历与市场方式是正相关的。有本科学历的城市新移民选择市场方式找工作是高中以下学历做此选择的 3.5 倍（e1.264 = 3.54，$P < 0.05$），有研究生以上学历的城市新移民做此选择的是高中以下学历的 3.4 倍（e1.219 = 3.38，$P < 0.05$）。在模型 2 中，专业技术资格证书数量对选择市场方式有着正的作用，每增加一个专业技术资格证书，选择市场途径找工作的可能性就增加 39%（e0.328 = 1.39，$P < 0.05$）。

后三列报告了应用二元逻辑斯蒂回归对找现职的城市新移民样本回归的结果。模型 3、模型 4 和模型 5 报告的回归结果表明人力资本对城市新移民运用市场方式找现职具有正的关系；与此相反，对运用社会网络找现职具有负的关系。在模型 3 中，有本科学历的城市新移民选择市场相对网络方式找现职比率是高中以下学历的 2.9 倍（e1.061 = 2.89，$P < 0.05$），有研究生以上学历的城市新移民做此选择的是高中以下学历的 2.4 倍（e0.882 = 2.42，$P < 0.05$）。具有专科学历的城市新移民与高中以下学历的城市新移民在找职方式上差异相对较低，而且其估计系数并不显著。模型 4 表明职业培训次数对城市新移民选择市场方式找现职的效应为 0.207，每增加一次职业培训，

城市新移民选择市场途径找工作的可能性就增加 23%（e0.207 = 1.23，
$P < 0.05$）。模型 5 表明专业技术资格证书对城市新移民选择市场方式找工作的影响是正的，每增加一个专业技术资格证书，城市新移民选择市场途径找工作的可能性就增加 25%（e0.220 = 1.25，$P < 0.05$）。

表 7-4　人力资本对城市新移民选择市场方式求职的预测系数
（Logistic Regression）

	市场途径（第一份工作）		市场途径（现职）		
	（1）	（2）	（3）	（4）	（5）
年龄	− 0.058** （0.030）	− 0.068** （0.030）	− 0.035 （0.026）	− 0.047* （0.026）	− 0.043* （0.026）
男性	− 0.282 （0.298）	− 0.148 （0.295）	− 0.128 （0.224）	− 0.142 （0.224）	− 0.094 （0.224）
未婚者	0.568 （0.363）	0.438 （0.348）	0.468* （0.278）	0.480* （0.270）	0.450* （0.270）
专科	0.506 （0.540）		0.347 （0.437）		
本科	1.264*** （0.483）		1.061*** （0.390）		
研究生	1.219** （0.528）		0.882** （0.415）		
职业培训次数				0.207*** （0.076）	
获得证书数量		0.328* （0.179）			0.220* （0.125）
截距	1.919* （1.065）	3.029*** （0.989）	1.046 （0.913）	1.867** （0.823）	1.897** （0.828）
− 2 Log -likelihood	311.959	317.299	508.316	511.080	515.650
自由度	6	4	6	4	4
样本数	354	354	470	470	470

注：学历以高中学历以下为参考类别。*$P < 0.1$，**$P < 0.05$，***$P < 0.01$（双尾检验）。

总之，以上的分析结果显示出高度的一致性。无论是通过交叉表察看人力资本变量对城市新移民选择找职方式的效应，还是通过逻辑斯蒂回归考察人力资本变量对城市新移民选择找职方式的影响；无论是城市新移民来沪找第一份工作，还是找现职，人力资本对城市新移民选择市场方式找工作具有正的影响。随着人力资本的增加，城市新移民选择市场方式找工作的概率就增大。这一结果证明了我们的假设1，即求职者选择找职方式因自身所拥有的人力资本多寡而异，拥有人力资本多的求职者倾向于使用市场途径寻找工作。

第三节　关系强度与找职方式

我们采用三个指标来测量关系强度，即熟悉程度、亲密程度和信任程度。在原始问卷中，我们询问被访者"在您找目前的工作的时候，在向您提供帮助的亲友和熟人中，您和起关键作用的人的相熟程度（亲密程度、信任程度）如何"。我们还进一步询问被访者"这个起关键作用的人与招工主事人的相熟程度如何"，提供的答案有"不认识、不太熟、比较熟、非常熟、是主事人"。这样我们就可以把通过社会关系找现职的样本区分为利用直接关系和利用间接关系两组：关键人就是招工主事人的为直接关系，其余的为间接关系。从下表可以看到，在通过社会关系找到现职的样本中，绝大部分都是通过间接关系找到现职的。在245个个案中，通过直接关系找到现职的是22个，仅占9%，而223个个案都是通过间接关系找到现职的，即通过中间人的"桥梁"找到最终帮助者，这一比例达到91%。

表7-5的第一列报告了通过直接关系找到现职的城市新移民和帮助者之间的关系强度。总体上说，在测量关系强度的三个指标上，大部分被调查者和帮助者具有相当强的关系。从熟悉程度来看，"比较熟"占36.4%，"非常熟"占54.5%；从亲密程度来看，"比较亲密"占40.9%，"非常亲

密"占36.4％；从信任程度来看，"比较信任"占50％，"非常信任"占45.5％。在通过间接关系找到现职的这一组城市新移民中，87.5％的求职者和中间人之间维持相当熟悉的关系，76.2％的求职者和中间人之间的关系相当亲密，94.6％的求职者和中间人的信任程度相当高。第三列报告了中间人和最终帮助者之间的关系强度。结果表明了大部分中间人和最终帮助者之间的熟悉程度都相当高，这一比例占到56.1％。以上这些分析结果表明，城市新移民主要是通过强关系的帮助而获得现职的。这一点无论是在被调查者与帮助者的直接关系中，还是在被调查者通过中间人找到最终帮助者这样的间接关系中（即被调查者与中间人之间和中间人与最终帮助者之间的间接），都得到了一致的证实。这些分析结果为假设4提供了支持，即工作更多是通过强关系找到的，而假设3没有通过我们的资料验证。

表 7-5　获取现职所动用的社会关系的强度的描述统计

	直接关系 R-H （1）	间接关系	
		R-I （2）	I-H （3）
个案数	22	223	223
熟悉程度			
不认识	9.1	1.3	26.0
不太熟		11.2	17.9
比较熟	36.4	36.8	42.6
非常熟	54.5	50.7	13.5
亲密程度			
不亲密	13.6	11.7	

续表 7-5

	直接关系 R-H（1）	间接关系	
		R-I（2）	I-H（3）
个案数	22	223	223
不太亲密	9.1	12.1	
比较亲密	40.9	42.6	
非常亲密	36.4	33.6	
信任程度			
不信任	4.5	2.7	
不太信任		2.7	
比较信任	50	49.8	
非常信任	45.5	44.8	

注：R＝被调查者；I＝中间人；H＝最终提供帮助者。

第四节 拥有的社会资本、结构洞的社会资本与找职方式

假设 2 预测求职者所拥有的社会资本对选择找职方式具有重要的影响作用。表 7-6 报告了运用逻辑斯蒂回归模型对找现职的城市新移民样本进行回归的结果。因变量为找职方式（社会网络＝1，市场途径＝0）。第 1 列报告了一个简单回归的结果，包括年龄、性别、婚姻状况、政治面目以及获取的社会资本作为自变量。在这里，获取的社会资本是根据边燕杰、李煜（1999）的计算方法计算出来的。这一简单回归表明了获取的社会资本对城市新移民选择社会网络的找职方式具有正的影响。回归系数在 10%水平上显著。第 2列中我们加入了受教育年限变量之后，获取的社会资本前面的系数几乎没有

发生任何变化。这表明忽略受教育年限并不会影响获取的社会资本对城市新移民选择网络方式求职的正的作用。这些结果与假设 2 的预测相一致，即求职者选择找职方式因自身所拥有的社会资本的多寡而异。拥有社会资本多的求职者更可能使用关系网络途径寻找工作。

同样，第 3、4 列报告了结构洞的社会资本对城市新移民选择社会网络找职方式的估计结果。在第 3 列中，在控制了城市新移民的个人特征变量（年龄、性别、婚姻状况和政治面目）之后，结构洞的社会资本变量前的系数在标准的显著性水平不显著。这意味着结构洞的社会资本对城市新移民选择社会网络找职方式没有影响。第 4 列加入了受教育年限变量之后，结构洞的社会资本变量前的系数仍然不显著。总之，没有证据支持结构洞的社会资本影响城市新移民找职方式的选择，即假设 5 没有获得支持。

表 7-6　社会资本对城市新移民采用社会网络找现职的预测系数

（Logistic Regression）

自变量	（1）	（2）	（3）	（4）
年龄	0.048*	0.045*	0.047*	0.045*
	（0.026）	（0.026）	（0.026）	（0.026）
男性	0.113	0.106	0.149	0.144
	（0.225）	（0.226）	（0.224）	（0.224）
已婚者	0.448*	0.494*	0.498*	0.536**
	（0.274）	（0.278）	（0.271）	（0.275）
中共党员	－ 0.703***	－ 0.611**	－ 0.620***	－ 0.545**
	（0.243）	（256）	（0.239）	（0.252）
受教育年限		－ 0.057		－ 0.046
		（0.050）		（0.050）
获取的社会资本	0.012*	0.012**		
	（0.005）	（0.005）		
结构洞的社会资本			0.002	0.001
			（0.009）	（0.009）
截距	－ 2.888***	－ 1.966*	－ 2.471***	－ 1.697
	（0.704）	（1.066）	（0.702）	（1.093）
－ 2 Log -likelihood	506.039	504.745	511.209	510.378
自由度	5	6	5	6
样本数	469	469	469	469

注：*P ＜ 0.1，**P ＜ 0.05，***P ＜ 0.01（双尾检验）。

第八章 城市新移民的职业获得结果

本章的目标在于探讨影响城市新移民职业地位获得结果的决定因素。我们将集中于前面第二章文献回顾部分提到的有关职业地位获得问题的几个理论争辩焦点。本章内容安排如下：第一部分探讨找职方式对求职结果的影响。第二部分分析人力资本因素对城市新移民职业地位获得的影响。第三部分分析拥有的社会资本与城市新移民职业地位获得之间的关联。第四部分分析动用的社会资本对城市新移民职业地位获得的影响。第五部分分析人力资本理论和社会资本理论对城市新移民职业地位获得的相对效力。第六部分分析关系强度对城市新移民职业获得的影响。第七部分是讨论。

第一节 找职方式与求职结果

找职方式和求职结果之间是什么关系呢？通过社会网络获得的工作和通过市场途径找到的工作之间有没有差异呢？在调查问卷中，我们询问了城市新移民目前所从事的工作的情况。下面考察城市新移民目前所从事的工作与找职方式之间的关系。

在表8-1中，我们报告了城市新移民现职求职经历的最小二乘法回归结果。

被解释变量分别是现职的月收入的对数值、现职的职业声望以及现职的满意状况。在解释变量中找职方式是虚拟变量，参考类别是社会网络方式。

模型1的回归结果表明通过市场途径获取的工作比通过社会网络途径获得的工作的收入高。在控制了性别、婚姻状况、年龄、政治面目和受教育年数变量之后，在城市新移民找现职的求职经历中，通过市场途径找到的目前工作的收入比通过社会网络途径找到的目前工作的收入平均高18%，并且回归系数相当显著。这一结果与假设6a一致，根据人力资本理论，通过市场方式找到的工作的收入比通过社会网络方式找到的工作的收入高。同时，这个结果否定了假设7a。

相对于不同的找职方式导致在工作收入上的显著差异来讲，在职业声望和职业的满意状况方面，市场途径并没有显示出相对于社会网络途径的显著优势。从模型2和模型3的回归结果来看，找职方式与职业声望（首职和现职）、职业满意状况之间没有关系。因此，假设6b、6c、7b和7c没有获得该资料的验证。

表8-1　找职方式对个人求职结果变量的OLS估计

自变量	因变量		
	现职的月收入对数值 （1）	现职的职业声望 （2）	现职的满意状况 （3）
男性	0.308*** （0.050）	4.211*** （1.156）	2.123*** （0.494）
年龄	0.028*** （0.005）	0.077 （0.135）	0.70 （0.057）
已婚	0.045 （0.062）	4.712*** （1.462）	− 1.739*** （0.625）
政治面目	− 0.062 （0.055）	1.636 （1.260）	0.097 （0.541）
受教育年数	0.045*** （0.011）	2.176*** （0.245）	0.208** （0.105）

续表 8-1

自变量	因变量		
	现职的月收入对数值 （1）	现职的职业声望 （2）	现职的满意状况 （3）
市场途径[1]	0.180*** （0.065）	0.720 （1.480）	— 0.243 （0.635）
常数项	6.395*** （0.221）	25.045*** （5.473）	18.238*** （2.308）
R^2	0.184	0.244	0.072
F-Test 值	21.066***	24.541***	6.006***
D. F.	6	6	6
样本量	473	461	471

注：系数为非标准化的回归系数，括号内为标准误。*$P < 0.1$，**$P < 0.05$，***$P < 0.01$（双尾检验）。1 社会网络途径为参考类别。

概括一下，我们在前面总的假设是不同的找职方式与不同的求职结果相关联。但是，分析结果表明不同的找职方式只和工作的收入有关系，而与工作的职业声望以及工作的满意状况没有关联。而且更进一步地，我们的分析结果部分地支持了人力资本理论，即通过市场方式找工作的收入更高。而社会资本的理论推理没有获得支持。

为什么通过市场途径获取的工作比通过社会网络途径获得的工作的收入高？如何解释这一结果呢？我们并不据此简单地认为城市新移民的职业收入差异就是由他们使用不同的找职方式所导致。换句话说，我们不会认为找职方式和求职结果之间存在因果性的关系。我们认为找职方式与求职结果之间的这种关系实际上是求职者内在的人力资本或社会资本因素效应的外现和延伸。

让我们回到第七章。在分析人力资本与找职方式之间的关系时，我们发现人力资本增加了求职者通过市场途径找工作的可能性。也就是说，人力资本越多就越可能通过市场途径找工作。在我们的样本中，高中以下学历的城市新移民有 62％是通过市场途径找工作，这一比例在本科学历的城市新移民中上升到 75.5％。没有接受过职业培训的城市新移民通过市场途径找工作的比例为 67.6％，这一比例在接受了四次职业培训之后上升到 76.1％。同样，没有获得专业技术资格证书的城市新移民有 67.3％通过市场途径找工作，而获得了三个专业技术资格证书的是 80.6％。这些人力资本的不同指标所获得的结果是稳定一致的，充分地表明了人力资本因素对促使求职者选择市场途径找工作的正向影响。

在考察个人受教育水平与其职业收入之间关系时，分析结果显示个人受教育的年数每增加一年，个人月收入就会增加 2.6％。表明个人受教育年数对其职业收入具有显著的正向作用。

由此呈现出这样一条变量效应的链条，人力资本丰富的人比人力资本贫乏的人更可能通过市场途径找工作，而人力资本对个人收入具有显著的正向效应，所以我们认为市场途径与收入更高的工作之间的正向关系更可能是由求职者本身的人力资本因素所导致的。也就是说，找职方式只是人力资本因素与求职结果之间的中间变量。

第二节　人力资本与职业获得

这一小节报告了应用 OLS 对城市新移民寻找现职回归的结果。集中考察城市新移民的人力资本因素与其目前从事工作的职业获得结果之间的关系。职业获得结果从三个方面考察：职业收入、职业声望和职业满意状况。

表 8-2 模型 1 报告了在未加入人力资本因素情况下，个人特征的一些变量与职业收入之间的关系。结果显示，性别、年龄、年龄平方、婚姻状况和政治面目五个自变量可以解释个人月收入总差异量的 23.5％。在模型 2 中，当加入了个人受教育年数变量后，R^2 上升到 24.4％，即增加了 0.9 个百分点。

从回归系数来看，个人受教育年数的系数为正，表明个人受教育的年数每增加一年，个人月收入就会增加 2.6%（e0.026 = 1.026，$P < 0.05$），而且这一系数在 5% 水平上显著。也就是说，从我们的城市新移民样本来看，个人的教育投资回报率是 2.6%。以上分析结果表明个人受教育年数这一人力资本因素对个人的职业收入具有正的作用。从而假设 8a 获得了验证。

表 8-2　受教育年数、专业技术资格证书和培训次数对个人职业收入的 OLS 估计

自变量	因变量：现职的月收入对数值			
	（1）	（2）	（3）	（4）
男性	0.264***	0.265***	0.263***	0.264***
	（0.047）	（0.046）	（0.047）	（0.047）
年龄	0.252***	0.229***	0.252***	0.252***
	（0.030）	（0.031）	（0.030）	（0.030）
年龄的平方	− 0.003***	− 0.003***	− 0.003***	− 0.003***
	（0.000）	（0.000）	（0.000）	（0.000）
已婚	− 0.142**	− 0.141**	− 1.141**	− 0.142**
	（0.061）	（0.061）	（0.061）	（0.061）
中共党员	0.043	0.002	0.044	0.043
	（0.047）	（0.050）	（0.047）	（0.047）
受教育年数		0.026**		
		（0.010）		
证书数量			− 0.007	
			（0.025）	
培训次数				0.001
				（0.015）
常数项	3.737***	3.707***	3.736***	3.738***
	（0.483）	（0.480）	（0.483）	（0.484）
R^2	0.235	0.244	0.235	0.235
F-Test 值	32.160***	28.085***	26.767	26.749
D.F.	5	6	6	6
样本量	528	528	528	528

注：系数为非标准化的回归系数，括号内为标准误。*$P < 0.1$，**$P < 0.05$，***$P < 0.01$（双尾检验）。

与受教育年数这一人力资本因素相比，另两个人力资本因素，即个人获得的专业技术资格证书数量和职业培训次数并没有对个人的职业收入产生影响。在模型3中，在控制了个人的性别、年龄、年龄平方、婚姻状况和政治面目五个变量后，城市新移民所获得的专业技术资格证书的回报是0。专业技术资格证书的系数的估计值非常小，并且不显著地不为0。这个回归结果表明城市新移民的收入和他所获得的专业技术资格证书之间没有总体的相关性。同样，在模型4中，城市新移民所接受的职业培训没有对其职业收入产生影响。职业培训前面的系数为0.001，非常小，也不显著。而且我们从模型3和模型4的R^2来看，在加入了专业技术资格证书和职业培训变量后，模型的R^2没有变化，和没有加入这两个变量之前模型的R^2相同。因此就我们的城市新移民样本来说，专业技术资格证书和职业培训对个人的职业收入没有影响。以上分析结果表明，假设8d和8g没有通过验证。

在表8-3中我们报告了城市新移民的人力资本对职业声望进行回归的结果。因变量为目前从事工作的职业声望得分。模型1报告了一个简单回归的结果，包括性别、年龄、婚姻状况和政治面目作为自变量。这四个自变量可以解释个人职业声望总差异量的11.9%。在模型2中，我们加入了受教育年数变量，回归模型的R^2陡然增加到24.3%，增加一倍以上。从受教育年数前面的系数来看，城市新移民的受教育年数每增加一年，其职业声望会增加2分，并且这一系数非常显著。这一分析结果与假设8b一致，即城市新移民的受教育年数对其职业声望具有显著的影响。

人力资本的另外两个指标即专业技术资格证书和职业培训对城市新移现职的职业声望的实证结果列在下表第3、4列中。我们没有发现这两个变量对城市新移民现职的职业声望有任何影响。在模型3和模型4中，专业技术资格证书和职业培训这两个变量前面的系数都不显著。比较R^2值也会发现，模型3和模型4的R^2值相同，它们的R^2值相比于模型1的R^2值都几乎没有变化。这表明，对于城市新移民现职的职业声望，专业技术资格证书和职业培训的影响无足轻重。这些实证分析结果显示假设 8e 和假设 8h 没有通过验证。

表 8-3　受教育年数、专业技术资格证书和培训次数对个人职业声望的 OLS 估计

自变量	因变量：现职的职业声望			
	（1）	（2）	（3）	（4）
男性	4.545*** （1.163）	4.159*** （1.080）	4.694*** （1.169）	4.610*** （1.164）
年龄	0.045 （0.130）	0.059 （0.120）	0.052 （0.130）	0.058 （0.130）
已婚	5.669*** （1.477）	4.524*** （1.376）	5.582*** （1.479）	5.676*** （1.477）
中共党员	6.007*** （1.187）	2.444** （1.168）	5.896*** （1.190）	6.129*** （1.192）
受教育年数		2.167*** （0.236）		
证书数量			0.756 （0.624）	
培训次数				−0.431 （0.380）
常数项	59.622*** （3.411）	26.042*** （4.838）	58.880*** （3.464）	59.867*** （3.417）
R^2	0.119	0.243	0.121	0.121
F-Test 值	17.294***	32.921***	14.141***	14.100***
D. F.	4	5	5	5
样本量	517	517	517	517

注：系数为非标准化的回归系数，括号内为标准误。$*P < 0.1$，$**P < 0.05$，$***P < 0.01$（双尾检验）。

表 8-4 中报告了人力资本对职业满意状况的 OLS 回归结果。因变量为城市新移民对现职的满意状况总分。我们在解释变量中包含了如下的解释变量：性别、年龄、婚姻状况、政治面目及人力资本变量。模型 2 的结果显示，人力资本对城市新移民现职的满意度具有非常显著的影响。在控制了性别、年龄、

婚姻状况、政治面目的效应后，城市新移民对职业的满意状况随着受教育年数的增加而不断提高。具体而言，城市新移民每多接受一年的教育，其职业满意程度将增加 0.27 分。与此相同，模型 4 中职业培训次数也对城市新移民的职业满意状况具有十分显著的效应。控制了性别、年龄、婚姻状况、政治面目的效应以后，增加一次职业培训，城市新移民职业满意状况将增加 0.42 分。

从 R^2 值的变化情况来看，在加入了受教育年数和职业培训次数变量以后，模型 2 和模型 4 都比模型 1 的 R^2 值增加了 1.3%。从而假设 8c 和假设 8i 获得证实。

但是，人力资本的另一个变量即专业技术资格证书数量对城市新移民的职业满意状况没有影响。模型 3 中虽然城市新移民每多一个专业技术资格证书，其对工作的满意状况增加 0.071 分，但这一系数在标准的显著性水平并不显著。而且模型 3 的 R^2 值相对于模型 1 没有任何变化。这些都说明，忽略专业技术资格证书这个变量对城市新移民的职业满意状况几乎没有任何影响。换句话说，专业技术资格证书与职业满意状况没有关系。这一分析结果说明假设 8f 没有得到我们的资料的支持。

表 8-4　受教育年数、专业技术资格证书和培训次数对个人职业满意度的 OLS 估计

自变量	因变量：现职的满意状况			
	（1）	（2）	（3）	（4）
男性	1.981***	1.934***	1.994***	1.940***
	（0.473）	（0.471）	（0.476）	（0.470）
年龄	0.015	0.018	0.015	0.006
	（0.052）	（0.052）	（0.052）	（0.052）
已婚	− 1.381**	− 1.518**	− 1.388**	− 1.385**
	（0.600）	（0.599）	（0.601）	（0.597）
中共党员	0.774	0.284	0.765	0.661
	（0.482）	（0.512）	（0.484）	（0.481）
受教育年数		0.274***		
		（0.101）		
证书数量			0.071	
			（0.256）	

自变量	因变量：现职的满意状况			
	（1）	（2）	（3）	（4）
培训次数				0.417*** （0.153）
常数项	22.509*** （1.359）	18.234*** （2.075）	22.438*** （1.384）	22.152*** （1.357）
R^2	0.052	0.065	0.052	0.065
F-Test 值	7.326***	7.405***	5.866***	7.423***
D. F.	4	5	5	5
样本量	535	535	535	535

　　注：系数为非标准化的回归系数，括号内为标准误。*$P < 0.1$，**$P < 0.05$，***$P < 0.01$（双尾检验）。

第三节　拥有的社会资本与职业获得

　　这一小节主要考察城市新移民拥有的社会资本与其职业获得结果之间的关系。因变量分别是城市新移民现职的月收入对数值、现职的社会声望和对现职的满意状况。解释变量包括了性别、年龄、年龄的平方、婚姻状况、政治面目以及拥有的社会资本。对于拥有的社会资本，我们主要集中考察两类：由个人"拜年网"计算的个人所拥有的社会网络资本总量和由个人重要问题讨论网计算而来的结构洞的社会资本。

　　表 8-5 模型 1 所列示的是一个简单回归的结果，解释变量包括性别、年龄、年龄的平方、婚姻状况和政治面目。在模型 2 中，我们加入了拥有的社会网络资本总量这一变量。结果显示，在控制了性别、年龄、年龄的平方、婚姻状况和政治面目这些变量之后，城市新移民所拥有的社会网络资本对其

职业收入具有十分显著的正向影响。拥有的社会网络资本每增加一个单位，城市新移民的月收入将增加 0.4%（e0.004 = 1.004，$P < 0.05$）。考虑到拥有的社会网络资本是在 1—100 这样一个取值范围，0.4% 是一个相当大的量。并且这一系数在 1% 的水平上显著。比较模型 3 和模型 1 的 R^2 值可以发现，在加入了拥有的社会网络资本变量后，R^2 值由 23.5% 增加到 25.7%，增加了 2.2%。这些结果说明城市新移民拥有的社会网络资本和其职业收入是显著正相关的。该结果支持了假设 9a 的预测。

然而，结构洞的社会资本对城市新移民的职业收入并没有影响。模型 3 显示，在控制了性别、年龄、年龄的平方、婚姻状况和政治面目这些变量之后，结构洞的社会资本的系数的估计值非常小，并且显著地不为 0。这个回归结果表明城市新移民的职业收入和他所拥有的结构洞的社会资本之间没有总体性的关联。该结果表明假设 15a 没有通过验证。

表 8-5　拥有的社会资本和结构洞的社会资本对个人职业收入的 OLS 估计

自变量	因变量：现职的月收入对数值		
	（1）	（2）	（3）
男性	0.264*** (0.047)	0.255*** (0.046)	0.262*** (0.047)
年龄	0.252*** (0.030)	0.242*** (0.030)	0.247*** (0.030)
年龄的平方	− 0.003*** (0.000)	− 0.003*** (0.000)	− 0.003*** (0.000)
已婚	− 0.142** (0.061)	− 0.150** (0.060)	− 0.140** (0.061)
中共党员	0.043 (0.047)	0.011 (0.047)	0.041 (0.047)
拥有的社会 资本总量[1]		0.004*** (0.001)	
结构洞的 社会资本			0.002 (0.002)
常数项	3.737*** (0.483)	3.748*** (0.476)	3.859*** (0.493)

自变量	因变量：现职的月收入对数值		
	（1）	（2）	（3）
R^2	0.235	0.257	0.237
F-Test 值	32.160***	30.045***	27.055***
D. F.	5	6	6
样本量	528	528	528

注：系数为非标准化的回归系数，括号内为标准误。*$P < 0.1$，**$P < 0.05$，***$P < 0.01$（双尾检验）。1 为拜年网的社会网络资本的因子转换值。

在表 8-6 中，我们报告了拥有的社会网络资本对现职的社会声望回归的结果。因变量为城市新移民现职的社会声望分数。模型 2 的回归结果表明在控制了性别、年龄、婚姻状况和政治面目后，城市新移民拥有的社会网络资本与其现职的社会声望有着显著的正相关。拥有的社会网络资本变量前的系数在 10% 的显著性水平上是显著的。在模型 1 中，性别、年龄、婚姻状况和政治面目四个自变量可以解释城市新移民现职职业声望得分总差异量的 11.9%。模型 2 加入了拥有的社会网络资本变量后，R^2 上升到 12.4%，增加了 0.5%。这一结果支持了假设 9b。

结构洞的社会资本显示出与现职的社会声望之间的强的正向关联。在模型 3 中，回归结果表明每当城市新移民所拥有的结构洞的社会资本增加一个单位的时候，其职业的社会声望就会提高 0.18 分，并且这个系数在 5% 的水平上显著。从 R^2 值的变化来看，加入了结构洞的社会资本变量后，模型的 R^2 值有原来即模型 1 的 11.9% 增加到 12.7%，增加了 0.18%。综上所述，城市新移民所拥有的社会网络资本和结构洞的社会资本对其现职的社会声望具有正相关。该结果验证了假设 15b。

表 8-6 拥有的社会资本和结构洞的社会资本对个人职业声望的 OLS 估计

自变量	因变量：现职的职业声望		
	（1）	（2）	（3）
男性	4.545*** （1.163）	4.421*** （1.163）	4.391*** （1.161）
年龄	0.045 （0.130）	0.045 （0.129）	0.010 （0.130）
已婚	5.669*** （1.477）	5.498*** （1.478）	5.658*** （1.472）
中共党员	6.007*** （1.187）	5.623*** （1.205）	5.959*** （1.183）
拥有的社会 资本总量[1]		0.047* （0.027）	
结构洞的 社会资本			0.180** （0.049）
常数项	59.622*** （3.411）	57.914*** （3.541）	61.908*** （3.552）
$R2$	0.119	0.124	0.127
F-Test 值	17.294***	14.503***	14.916***
D. F.	4	5	5
样本量	517	517	517

注：系数为非标准化的回归系数，括号内为标准误。*$P < 0.1$，**$P < 0.05$，***$P < 0.01$（双尾检验）。1 为拜年网的社会网络资本的因子转换值。

表 8-7 报告了城市新移民拥有的社会资本对其现职满意状况的 OLS 回归结果。这里因变量为城市新移民对现职的满意程度的总分。解释变量包含了性别、年龄、婚姻状况、政治面目以及拥有的社会网络资本变量。拥有的社会网络资本对城市新移民现职的满意程度具有十分显著的正向关联。城市新移民拥有的社会网络资本每增加一个单位，他对现职的满意程度将提高 0.03分，并且回归系数相当显著。从回归模型的 R^2 值来看，模型 2 加入了拥有的社会网络资本变量以后，其 R^2 值比模型 1 增加了 1.3％。这些都表明城市新移民拥有的社会网络资本对其的现职的满意程度具有相当显著的影响。也就

是说，城市新移民拥有的社会网络资本越多，其对现职的满意程度就越高。
这一结果验证了假设 9c。

　　相比之下，我们没有发现结构洞的社会资本对城市新移民的现职满意程
度有影响。在模型 3 中，在控制了性别、年龄、婚姻状况和政治面目这些变
量之后，结构洞的社会资本的系数的估计值为 0.005，非常小，并且也不显著。
比较模型 3 和模型 1 的 R^2 值，可以看到两个模型的 R^2 值相等，没有任何变化。
这表明忽略结构洞的社会资本这个变量并不会导致现职满意状况估计的偏差。
换句话说，城市新移民对现职的满意状况和他所拥有的结构洞的社会资本之
间没有总体性的关联。这一结果表明假设 15c 没有通过验证。

表 8-7　拥有的社会资本和结构洞的社会资本对个人职业满意度的 OLS 估计

自变量	因变量：现职的满意状况		
	（1）	（2）	（3）
男性	1.981***	1.895***	1.988***
	（0.473）	（0.471）	（0.474）
年龄	0.015	0.016	0.017
	（0.052）	（0.052）	（0.053）
已婚	− 1.381**	− 1.476**	− 1.379**
	（0.600）	（0.598）	（0.601）
中共党员	0.774	0.538	0.779
	（0.482）	（0.488）	（0.483）
拥有的社会资本总量1		0.029***	
		（0.011）	
结构洞的社会资本			0.005
			（0.020）
常数项	22.509***	21.417***	22.393***
	（1.359）	（1.410）	（1.432）
R2	0.052	0.065	0.052
F-Test 值	7.326***	7.382***	5.864***
D．F．	4	5	5
样本量	535	535	535

　　注：系数为非标准化的回归系数，括号内为标准误。*$P < 0.1$，**$P < 0.05$，***$P < 0.01$
（双尾检验）。1 为拜年网的社会网络资本的因子转换值。

第四节　动用的社会资本与职业获得

这一小节我们集中考察城市新移民在求职过程中实际动用的社会资本与其职业获得结果之间的关系。这里被解释变量为现职的月收入对数值、现职的社会声望和对现职的满意状况。解释变量包括性别、年龄、婚姻状况、政治面目以及动用的社会资本。我们用两个指标来测量城市新移民在求职过程中动用的社会资本。一是关系人是否拥有管理职务，这是一个虚拟变量；二是关系人所处的单位地位，我们采用边燕杰和李煜（1999）对单位地位的附分标准进行赋值。

表 8-8 报告了应用 OLS 对城市新移民职业获得回归的结果。模型 1 和模型 2 的回归结果表明城市新移民在求职过程中实际动用的社会资本对其职业收入没有影响。在模型 1 中，当控制了城市新移民的性别、年龄、婚姻状况、政治面目和受教育年数之后，拥有管理职务的关系人对城市新移民的职业收入有正面影响，但是结果并不显著。模型 2 关系人的单位变量前的系数非常小，几乎等于 0。这表明关系人的单位地位对城市新移民的职业收入没有任何影响。该结果表明假设 14a 和假设 14d 没有获得资料的支持。

模型 3 和模型 4 报告了动用的社会资本对城市新移民现职的社会声望进行估计的结果。关系人是否拥有管理职务对城市新移民现职的社会声望没有效应。但是，关系人所在的单位地位和城市新移民现职的社会声望之间具有显著正向关联。从而，假设 14b 没有获得支持，但假设 14e 的预测通过了验证。

模型 5 和模型 6 显示的是城市新移民对现职满意状况的结果。我们发现，关系人是否拥有管理职务和城市新移民对现职的满意状况具有非常显著的关联。其估计系数在1%的水平上显著。这表明关系人拥有管理职务和城市新移民的职业满意状况存在正相关。但是，关系人的单位地位对城市新移民的现职满意状况没有任何影响。这些分析结果表明，假设14c获得了支持，但假设14f没有通过验证。

表8-8　关系人的职业地位对个人职业获得的OLS估计

自变量	因变量					
	现职的月收入对数值		现职的职业声望		现职的满意状况	
	（1）	（2）	（3）	（4）	（5）	（6）
男性	0.333***	0.314***	3.189**	3.736**	3.504***	3.407***
	（0.069）	（0.069）	（1.608）	（1.592）	（0.677）	（0.681）
年龄	0.022***	0.022***	−0.040	−0.063	−0.011	0.020
	（0.008）	（0.008）	（0.185）	（0.180）	（0.078）	（0.076）
已婚	0.011	−0.037	5.060***	4.881**	−1.399*	−2.015**
	（0.084）	（0.084）	（1.954）	（1.931）	（0.829）	（0.830）
中共党员	0.013	0.038	1.449	1.303	0.333	0.178
	（0.076）	（0.078）	（1.770）	（1.783）	（0.751）	（0.766）
受教育年数	0.045***	0.051***	2.197***	2.039***	0.368**	0.304**
	（0.015）	（0.016）	（0.363）	（0.375）	（0.149）	（0.156）
关系人有 管理职务	0.060		0.972		2.290***	
	（0.076）		（1.794）		（0.751）	
关系人的 单位地位		−0.002		0.074*		0.027
		（0.002）		（0.043）		（0.018）
常数项	6.634***	6.723***	28.117***	27.813***	15.756***	16.392***
	（0.322）	（0.321）	（7.771）	（7.541）	（3.152）	（3.146）
R^2	0.183	0.178	0.216	0.247	0.181	0.154
F-Test 值	8.686***	8.031***	10.445***	11.993***	8.613***	6.806***
D. F.	6	6	6	6	6	6
样本量	239	229	234	225	240	230

注：系数为非标准化的回归系数，括号内为标准误。*$P < 0.1$，**$P < 0.05$，***$P < 0.01$（双尾检验）。

第五节　人力资本与社会资本对职业获得的相对影响

社会资本理论和经济学的人力资本理论是一对彼此争论不休的理论。社会学家认为个人所拥有的社会资本决定了其所能获得职业信息的多寡，以及是否能够获得更有资源的关系人的实质性帮助，从而使个人在劳动力市场上占据优势；而坚持人力资本理论的经济学家则认为人力资本是决定个人生活机会的关键，个人在劳动力市场上的结果主要是由其人力资本因素所决定的。那么，社会资本和人力资本究竟哪一个对个人的职业地位获得结果影响更大呢？本小节主要比较社会资本和人力资本对个人职业获得的相对贡献。

下 8-9 表报告了样本的最小二乘法回归结果。被解释变量是城市新移民现职月收入的对数值。模型 1 是一个简单的回归，解释变量包括性别、年龄、年龄的平方、婚姻状况和政治面目。这五个自变量解释了个人月收入总差异量的 23.5%。在模型 2 中，加入了受教育年数变量之后，R^2 上升到 24.4%，增加了 0.9 个百分点。个人受教育年数前面的系数为正，并且这一系数在 5% 水平上显著。在模型 3 中，我们把受教育年数变量换成拥有的社会网络资本总量变量后，发现 R^2 为 25.7%，与模型 1 的 R^2 相比增加了 2.2 个百分点。这就表明，在控制了性别、年龄、年龄的平方、婚姻状况和政治面目这五个变量之后，拥有的社会网络资本总量这个变量比受教育年数变量所能解释的个人月收入差异量更多。也就是说，与人力资本相比，社会资本对个人收入差异的解释力更大。

为了进一步比较这两个因素的相对贡献，我们把这两个变量同时纳入方程，即模型 4。模型 4 的结果显示受教育年数变量的标准化回归系数为 0.095，而拥有的社会网络资本总量变量的标准化回归系数为 0.145，显然后者远大于前者。这与前面的结果完全一致。以上分析结果支持了假设 11a 的预测，假设 10a 的预测没有通过验证。

表 8-9 受教育年数和拥有的社会资本对个人职业收入的 OLS 估计

自变量	因变量：现职的月收入对数值			
	（1）	（2）	（3）	（4）2
男性	0.264***	0.265***	0.255***	0.256***
	（0.047）	（0.046）	（0.046）	（0.219）
年龄	0.252***	0.229***	0.242***	0.222***
	（0.030）	（0.031）	（0.030）	（2.036）
年龄的平方	− 0.003***	− 0.003***	− 0.003***	− 0.003***
	（0.000）	（0.000）	（0.000）	（− 1.782）
已婚	− 0.142**	− 0.141**	− 0.150**	− 0.149**
	（0.061）	（0.061）	（0.060）	（− 0.120）
中共党员	0.043	0.002	0.011	− 0.024
	（0.047）	（0.050）	（0.047）	（− 0.020）
受教育年数		0.026**		0.023**
		（0.010）		（0.095）
拥有的社会资本总量[1]			0.004***	0.004***
			（0.001）	（0.145）
常数项	3.737***	3.707***	3.748***	3.720***
	（0.483）	（0.480）	（0.476）	（0.475）
R^2	0.235	0.244	0.257	0.264
F-Test 值	32.160***	28.085***	30.045***	26.667***
D. F.	5	6	6	7
样本量	528	528	528	528

注：系数为非标准化的回归系数，括号内为标准误。*$P < 0.1$，**$P < 0.05$，***$P < 0.01$（双尾检验）。1 为拜年网的社会网络资本的因子转换值。2 模型 4 中所列为非标准化回归系数，括号内为标准化回归系数。

表 8-10 报告了城市新移民现职的社会声望的回归分析结果。在模型 1 中，性别、年龄、婚姻状况和政治面目四个变量解释了城市新移民现职社会声望总差异量的 11.9%。当把受教育年数变量引入方程后，模型 2 的 R^2 增加到 24.3%，增加了 12.4%，并且受教育年数变量前面的系数在 1% 的水平上显著。

在模型 3 中，我们把受教育年数变量置换为拥有的社会网络资本总量变量，模型的 R^2 为 12.4%，与模型 1 相比，只增加了 0.5%。这表明与受教育年数相比，拥有的社会网络资本总量所能解释的城市新移民现职社会声望总差异量较少。当我们把这两个变量同时引入方程后，比较这两个变量的标准化回归系数，拥有的社会网络资本总量的标准化回归系数为 0.042，而受教育年数的标准化回归系数为 0.347，后者远大于前者。这一结果与前面分析的结果保持了一致性。这也就说明，对于城市新移民的职业社会声望来说，人力资本比社会资本的效应更大。这些分析结果与假设 10b 的预测一致，假设 11b 没有获得支持。

表 8-10　受教育年数和拥有的社会资本对个人职业声望的 OLS 估计

自变量	因变量：现职的职业声望			
	（1）	（2）	（3）	（4）[2]
男性	4.545***	4.159***	4.421***	4.092***
	（1.163）	（1.080）	（1.163）	（0.149）
年龄	0.045	0.059	0.045	0.059
	（0.130）	（0.120）	（0.129）	（0.023）
已婚	5.669***	4.524***	5.498***	4.437***
	（1.477）	（1.376）	（1.478）	（0.152）
中共党员	6.007***	2.444**	5.623***	2.261*
	（1.187）	（1.168）	（1.205）	（0.079）
受教育年数		2.167***		2.145***
		（0.236）		（0.374）
拥有的社会资本总量[1]			0.047*	0.027
			（0.027）	（0.042）
常数项	59.622***	26.042***	57.914***	25.417***
	（3.411）	（4.838）	（3.541）	
R^2	0.119	0.243	0.124	0.245
F-Test 值	17.294***	32.921***	14.503***	27.633
D.F.	4	5	5	6
样本量	517	517	517	517

注：系数为非标准化的回归系数，括号内为标准误。* 表明在 10% 的水平上显著，** 表明在 5% 的水平上显著，*** 表明在 1% 的水平上显著。

1 为拜年网的社会网络资本的因子转换值。

2 模型 4 中所列为非标准化回归系数，括号内为标准化回归系数。

人力资本和社会资本对城市新移民现职满意状况的比较结果在表 8-11 中列出。从模型 1 可以看出，性别、年龄、婚姻状况和政治面目四个变量解释了城市新移民现职满意状况总差异量的 5.2%。模型 2 引入了受教育年数变量，模型的 R^2 为 6.5%，增加了 1.3%。在模型 3 中，当把拥有的社会网络资本总量变量引入方程之后，模型的 R^2 和模型 2 的相同。这表明受教育年数和拥有的社会网络资本总量变量对城市新移民现职的满意状况效应相当。在模型 4 中，我们把受教育年数和拥有的社会网络资本总量这两个变量同时引入方程，这两个变量的标准化系数非常接近，差异非常小。因此，对于城市新移民现职的满意状况来说，人力资本和社会资本因素的影响是相等的。该结果表明，假设 10c 和假设 11c 都没有通过资料的验证。

表 8-11　受教育年数和拥有的社会资本对个人职业满意度的 OLS 估计

自变量	因变量：现职的满意状况			
	（1）	（2）	（3）	（4）2
男性	1.981***	1.934***	1.895***	1.861***
	（0.473）	（0.471）	（0.471）	（0.170）
年龄	0.015	0.018	0.016	0.019
	（0.052）	（0.052）	（0.052）	（0.019）
已婚	−1.381**	−1.518**	−1.476**	−1.591***
	（0.600）	（0.599）	（0.598）	（−0.138）
中共党员	0.774	0.284	0.538	0.118
	（0.482）	（0.512）	（0.488）	（0.010）
受教育年数		0.274***		0.248**
		（0.101）		（0.111）
拥有的社会资本总量 1			0.029***	0.026**
			（0.011）	（0.104）
常数项	22.509***	18.234***	21.417***	17.658***
	（1.359）	（2.075）	（1.410）	
R^2	0.052	0.065	0.065	0.076
F-Test 值	7.326***	7.405***	7.382***	7.211***
D. F.	4	5	5	6
样本量	535	535	535	535

注：系数为非标准化的回归系数，括号内为标准误。*$P < 0.1$，**$P < 0.05$，***$P < 0.01$（双尾检验）。

1 为拜年网的社会网络资本的因子转换值。

2 模型 4 中所列为非标准化回归系数，括号内为标准化回归系数。

第六节　关系强度与职业获得

表 8-12 报告了关系强度对城市新移民职业地位获得结果的回归结果。因变量为城市新移民现职的月收入对数值、现职的社会声望和对现职的满意状况。自变量包括性别、年龄、婚姻状况、政治面目、受教育年数以及关系强度变量。关系强度变量的计分为城市新移民和起关键作用的人在相熟程度、亲密程度以及信任程度三个方面得分的总和。回归结果表明城市新移民与找工作过程中关系人的关系强度对其职业获得没有任何影响。模型 1、模型 2和模型 3 显示，无论是月收入对数值还是职业声望和对现职的满意程度，在控制了性别、年龄、婚姻状况、政治面目以及受教育年数变量后，与关系人关系强度变量前面的系数都不显著。三个回归模型中这一稳定一致的结果表明，与关系人的关系强度变量对预测城市新移民职业获得情况没有意义。该结果表明，假设 12a、假设 12b、假设 12c、假设 13a、假设 13b、假设 13c 没有通过资料的验证。

表 8-12　关系强度对城市新移民职业获得影响的回归系数

自变量	因变量		
	月收入对数值	职业声望	满意状况
	（1）	（2）	（3）
男性	0.326***	3.309**	3.643***
	（0.068）	（1.571）	（0.679）
年龄	0.023***	－ 0.032	0.011
	（0.008）	（0.182）	（0.078）
已婚	－ 0.005	4.881**	－ 1.564*
	（0.085）	（1.944）	（0.846）
中共党员	0.005	1.528	0.170
	（0.076）	（1.746）	（0.761）
受教育年数	0.044***	2.197***	0.373**
	（0.015）	（0.359）	（0.151）
与关系人的	0.001	0.330	0.074
关系强度	（0.016）	（0.369）	（0.160）
常数项	6.662***	25.405***	16.067***
	（0.350）	（8.334）	（3.497）
R^2	0.175	0.225	0.144
F-Test 值	8.386***	11.225	6.690
D. F.	6	6	6
样本量	243	238	244

注：系数为非标准化的回归系数，括号内为标准误。*$P < 0.1$, **$P < 0.05$, ***$P < 0.01$ （双尾检验）。

第九章　结论、讨论和局限

第一节　结论和讨论

以城市新移民的职业地位获得问题为分析焦点，我们检验了人力资本理论、强关系理论、弱关系理论、社会资源理论和"结构洞"的社会资本理论这几种理论的不同作用机制是如何影响城市新移民的职业地位获得结果的。我们的经验研究主要涉及了有关职业地位获得的两大问题：（1）选择找职方式；（2）职业地位获得结果。根据与这两个问题相关的五个理论解释，本文总共提出了44个具体的研究假设并对之进行了定量检验。总体的检验结果是，16个获得了完全支持，28个未通过验证（见表9-1）。下面我们将根据城市新移民资料的分析结果分别就本文第二章文献评述部分所提出的几个理论争辩问题进行讨论。

表 9-1　本研究所提出的假设的检验

假　设	验证结果
找职方式	
H1: 城市新移民选择找职方式因自身所拥有的人力资本多寡而异。拥有人力资本多的倾向于使用市场途径寻找工作。	＋
H2: 城市新移民选择找职方式因自身所拥有的社会资本的多寡而异。拥有社会资本多的更可能使用关系网络途径寻找工作。	＋
H3: 工作更多是通过弱关系获得的。	0
H4: 工作更多是通过强关系获得。	＋
H5: 城市新移民的社会关系网络中结构洞越丰富，就越有可能使用网络渠道找工作。	0
职业获得结果	
H6a: 根据人力资本理论，通过市场方式找到的工作的收入比通过社会网络方式找到的工作的收入高。	＋
H6b: 根据人力资本理论，通过市场方式找到的工作的社会声望比通过社会网络方式找到的工作的社会声望高。	0
H6c: 根据人力资本理论，城市新移民对通过市场方式找到的工作的满意程度比通过社会网络方式找到的工作的满意程度高。	0
H7a: 根据社会资本理论，通过社会网络方式找到的工作的收入比通过市场方式找到的工作的收入高。	0
H7b: 根据社会资本理论，通过社会网络方式找到的工作的社会声望比通过市场方式找到的工作的社会声望高。	0
H7c: 根据社会资本理论，城市新移民对通过社会网络方式找到的工作的满意程度比通过市场方式找到的工作的满意程度高。	0
H8a: 城市新移民的受教育程度越高，其职业收入就越高。	＋
H8b: 城市新移民的受教育程度越高，其职业的社会声望就越高。	＋
H8c: 城市新移民的受教育程度越高，其对工作的满意度就越高。	＋
H8d: 城市新移民所获得的专业技术资格证书越多，其职业收入就越高。	0
H8e: 城市新移民所获得的专业技术资格证书越多，其职业声望就越高。	0
H8f: 城市新移民所获得的专业技术资格证书越多，其职业满意度就越高。	0
H8g: 城市新移民所受的职业培训次数越多，其职业收入就越高。	0
H8h: 城市新移民所受的职业培训次数越多，其职业声望就越高。	0
H8i: 城市新移民所受的职业培训次数越多，其职业满意度就越高。	＋
H9a: 按照社会资本理论，城市新移民的社会资本越丰富，其职业收入就越高。	＋

续表 9-1

假　　设	验证结果
H9b：按照社会资本理论，城市新移民的社会资本越丰富，其职业的社会声望就越高。	＋
H9c：按照社会资本理论，城市新移民的社会资本越丰富，其对工作的满意度就越高。	＋
H10a：按照人力资本理论，人力资本比社会资本对城市新移民的职业收入的贡献大。	0
H10b：按照人力资本理论，人力资本比社会资本对城市新移民的职业声望影响更大。	＋
H10c：按照人力资本理论，人力资本比社会资本对城市新移民的职业满意度影响更大。	0
H11a：按照社会资本理论，社会资本比人力资本对个人职业收入的贡献大。	＋
H11b：按照社会资本理论，社会资本比人力资本对城市新移民的职业声望影响更大。	0
H11c：按照社会资本理论，社会资本比人力资本对城市新移民的职业满意度影响更大。	0
H12a：同强关系相比，通过弱关系找到的工作的收入较高。	0
H12b：同强关系相比，通过弱关系找到的工作的社会声望较高。	0
H12c：同强关系相比，城市新移民对通过弱关系找到的工作更为满意。	0
H13a：同弱关系相比，通过强关系找到的工作的收入较高。	0
H13b：同弱关系相比，通过强关系找到的工作的社会声望较高。	0
H13c：同弱关系相比，城市新移民对通过强关系找到的工作更为满意。	0
H14a：关系人的地位越高，城市新移民获得的职业收入越高。	0
H14b：关系人的地位越高，城市新移民获得职业的社会声望越高。	0
H14c：关系人的地位越高，城市新移民对获得的工作满意度越高。	＋
H14d：关系人所在的单位越好，城市新移民获得的职业收入越高。	0
H14e：关系人所在的单位越好，城市新移民获得职业的社会声望越高。	＋
H14f：关系人所在的单位越好，城市新移民对获得的工作满意度越高。	0
H15a：城市新移民的社会关系网中结构洞愈多，其职业收入愈多。	0
H15b：城市新移民的社会关系网中结构洞愈多，其职业的社会声望愈高。	＋
H15c：城市新移民的社会关系网中结构洞愈多，其对职业的满意程度愈高。	0

注："＋"表示与预测完全一致，"0"表示不支持假设。

一、因果思路

以往许多研究已经分别证明了拥有的社会资本和动用的社会资本对职业获得结果具有正面作用。我们提出，要证明社会资本对职业获得具有因果性效应需要同时关注拥有的社会资本、动用的社会资本和求职结果三者两两之间的关系，即分别考察拥有的社会资本与职业获得结果之间是否存在正向关系，动用的社会资本与职业获得结果之间是否存在正向关系，以及考察拥有的社会资本和动用社会资本概率之间是否存在正向关系。如果这三者之间都是正向关系，才可以初步认为社会资本对职业获得具有因果效应。

我们的研究结果显示，城市新移民所拥有的社会网络资本对其职业地位获得起着重要的作用。首先，拥有的社会资本对城市新移民选择社会网络的找职方式具有显著的正面影响。在控制了个人的受教育水平、性别、年龄等个人因素之后，结果仍然是一致的。这表明拥有的社会资本越多，个人就越可能动用社会资本找工作。其次，城市新移民所拥有的社会网络资本对其职业收入、职业的社会声望以及职业满意程度均具有显著的正面效应。再次，在考察动用的社会资本对职业地位获得的作用的时候，我们发现关系人所处单位的地位与城市新移民现职的社会声望之间具有正向关联，但对城市新移民的职业收入和职业满意度没有影响；关系人是否拥有管理职务对城市新移民的职业收入和职业的社会声望没有影响，但和城市新移民对现职的满意状况具有非常显著的正向关联，即城市新移民通过有管理职务的关系人获得的工作其满意程度比较高。

前两个研究结果与我们的预测是一致的，复杂的是第三个研究结果。个人所动用的社会资本因素对其职业获得结果的不同侧面的影响是不同的。赵延东在对武汉市下岗职工再就业问题的资料分析中也有类似发现：关系人的社会地位对下岗职工获得新工作的工资影响甚微，但对获得新职业的职业声望有较显著的作用。[1] 这是为什么呢？我们认为原因可能在于职业收入、职业声望和职业满意度这三个方面并不是——对应的关系，它们在一定程度上是分离的。在一个方面获得好的结果，并不随之带来另外两个方面同样的结果。

二、强弱关系

在我们对城市新移民的求职过程进行分析中发现，城市新移民主要是借助强关系而非弱关系的帮助而获得工作的。通过直接关系找到工作的城市新移民与帮助者之间具有很强的关系，他们在熟悉程度、亲密程度和信任程度上都有很高的得分。在通过间接关系找到工作的这一组城市新移民中，结果仍然如此：无论是求职者和中间人之间的关系，还是中间人和最终帮助者之间的关系，都十分明确地显示为强关系。

早先学者把强弱关系理论的分歧归于市场经济和计划经济制度背景的差异，[2] 但后来边燕杰和张文宏对 1999 年天津收集的资料分析时发现，强关系假设不仅在再分配体制下的职业流动中发挥着作用，而且在双轨制时代和转型时代发挥着更重要的作用。[3] 时隔近 10 年之后，在我们于 2007 年收集的城市新移民资料中，结果仍然支持的是强关系假说。在当下的中国社会中，非国有经济在整个国民经济中扮演着举足轻重的角色，尤其是在上海这个中国经济最发达、最开放的城市中，情况就更是如此。然而，在我们的城市新移民样本中，通过社会关系网络找工作的人主要还是借助强关系的帮助。这该如何解释呢？

---

[1] 赵延东：《下岗职工的社会资本与再就业》，中国社会科学院 2001 年博士学位论文。

[2] Bian, Yanjie. "Bringing Strong Ties Back In : Indirect Connection, Bridges, and Job Search in China.", *American Sociological Review,* 1997(62), pp366-385; Granovetter, Mark. *Getting a Job*（Second edition）, Chicago : University of Chicago Press. 1995.

[3] 边燕杰、张文宏：《经济体制、社会网络与职业流动》，载于《中国社会科学》2001 年第 2 期。

如果说计划经济时代分配工作的实权人物（或"控制代理人"）动用权力为有关系的求职者提供帮助是"非法"的，所以需要求职者和控制代理人必须彼此熟悉和相互信任，以消除对潜在风险的担忧的话，那么在当下中国的经济背景下，在类似控制代理人的那样的担忧已经很微弱的情况下，强关系占据优势的缘由需要另外给予解释。我们认为，强关系之所以占据优势是与中国人人情往来的基本取向有关。杨美惠发现中国人的关系的一个重要特征就是互惠义务，而且这种互惠义务得到了附加的道德和表达尺度的强化。例如，一个人履行对亲戚和朋友的义务，在文化上正是儒家传统和当代中国的新伦理所期待的。[1] 在黄光国那里，情感性关系的社会交易法则是"需求法则"，即"各尽所能，各取所需"。这种关系自不必多言，求职者和关系人之间是这种关系的话，关系人自然是倾力相助。他认为在中国社会中，混合性的关系是个人最可能以人情和面子来影响他人的人际关系。这种人情法则讲究"礼尚往来"。在这种关系中，资源支配者在收到对方的帮助请求时，往往会给予特别的帮助。同时，受恩者也必须在将来寻找机会对资源支配者的这份人情给予回报。[2] 无论是杨美惠那里的互惠义务涉及的关系双方、还是黄光国这里的情感性关系和混合性关系涉及的关系双方，都是来往亲密、关系很近的强关系。也就是说，中国人的文化心理决定了人与人的互惠交往主要发生在强关系中。边燕杰和张文宏在对 1999 年于天津收集的资料进行分析中就发现，由亲属和朋友（即强关系）所提供的人情，总的趋势是随着经济体制改革的深化而不断上升。因此，我们有更大的把握怀疑在中国社会中强关系占据优势是中国的文化背景所导致的。

尽管个人在通过关系网络求职时主要是借助强关系而找到工作的，但我

---

[1] Bian, Yanjie. "Bringing Strong Ties Back In : Indirect Connection, Bridges, and Job Search in China.", *American Sociological Review*, 1997(62), pp366-385.

[2] 黄光国、胡先缙：《面子——中国人的权力游戏》，北京：中国人民大学出版社，2004 年版第 7—15 页。

们的经验分析显示强弱关系理论无法预测城市新移民职业获得的结果。换句话说，城市新移民与关系人的关系强度对其职业获得结果没有影响。无论是职业收入、职业的社会声望，还是职业的满意程度，在控制了性别、年龄、婚姻状况、政治面目以及受教育年数变量后，与关系人关系强度变量没有显示出对职业获得结果有显著意义的影响。赵延东曾在研究中也有类似的发现。他在对武汉市下岗职工再就业情况的资料分析显示，关系人与下岗职工本人的关系强度对于其再就业的结果并无显著的作用，起作用的是关系人的社会地位和拥有的社会资源，在求职过程中使用的关系人地位越高，其获得的职业质量就越高。[1] 这种结果与林南在美国的研究结果大不相同。林南等人在奥巴尼的研究发现，使用弱关系的人比使用强关系的人的平均收入多出大约2 500美元。其内在的机制是弱关系使求职者联系到高地位的关系人，在这一点上强关系不如弱关系。[2] 但是正如我们在前面所指出的，中国社会中提供实质性帮助的一般都是强关系，因此即使承认弱关系可以联系到高地位的关系人也无济于事，因为该关系人是不会给与自己是弱关系的求职者提供实质性帮助的。

　　总之，我们的研究结果是，强关系在中国人的职业获得中发挥重要作用，而不是弱关系。但这种作用主要发生在职业机会的获得上，而不对职业的质量发生影响。

三、结构洞的社会资本

　　根据伯特的结构洞理论，处在关系网络中结构洞位置的人在获取信息的

[1]　赵延东：《下岗职工的社会资本与再就业》，北京：中国社会科学院2001年博士学位论文。

[2]　当然，林南也指出，在等级制的顶端，强关系会比弱关系更重要。参见 Lin, Nan. Ensel, Walter M. & Vaughn, John C. "Social Resources and Strength of Ties : Structural Factors in Occupational Status Attainment.", *American Sociological Review,* 1981(46), pp393-405.

概率、及时程度以及在举荐和控制等方面占据的优势，因此拥有结构洞模式的社会关系网络结构的人可以获得更高的网络回报率。一言以蔽之，结构洞的社会资本可以为个体带来竞争性的优势。但是，在我们的资料中却没有发现所谓的结构洞的优势。我们不仅没有发现结构洞的社会资本对城市新移民的找职方式产生影响，而且也没有发现结构洞的社会资本对城市新移民的职业收入和职业满意度产生影响。唯一的例外是结构洞的社会资本显示出与职业的社会声望之间具有较强的正向关联。因此从总体上可以说，结构洞理论对于我们的城市新移民样本的职业地位获得没有解释力。

结构洞理论没有获得我们的城市新移民资料的支持，我们认为原因在于，结构洞理论虽然强调它不同于关系强度理论，但结构洞理论仍然主要强调的是关系所带来的信息收益，仍然是在信息上做文章。例如，在谈到结构洞理论相比于弱关系理论的优长时，伯特认为弱连带与个人网络所提供的特别信息量是相关关系，而非决定关系。个人从某个特定关系人那里获得的信息的价值取决于该关系人在个人网络中与他人联系的断裂（disconnections）情况。他进一步指出，拥有结构洞的网络结构的人在信息的摄取、时机或举荐上处于优势，也就是说，一个关系网络的信息收益（information benefits）决定了谁能够获知这些机会，何时获知，以及谁能够得到机会，因此关系网络的结构模式决定了关系拥有者从关系网获得的回报率的高低，能够获得更大的信息收益的人，就能够在竞争性环境中占据优势。即使是伯特所突出强调的结构洞所具有的控制利益，但所谓的控制优势仍然是指竞争者在信息不对称、信息不准确或曲解的情况下，利用一方来反对另一方，并从中得利。[1] 从这个意义上说，伯特的结构洞理论和格兰诺维特的弱关系理论的解释逻辑是一致的，主要是从有价值的信息的角度来解释关系和行为结果之间的关联。

[1]　Burt, Ronald S. *Structural Holes : the Social Structural of Competition*. Cambridge : Harvard University Press. 1992. pp13-15.

但是正如边燕杰（1997）所指出的，我们必须区分通过关系网络流动的资源类型。在美国的劳动力市场中，就业信息对于职业流动具有非常重要的意义。所以通过关系网络流动的就业信息的数量和质量对于个人的职业地位获得至关重要。但是在中国社会里，重要的并不是信息，而是能够得到关系人所提供的实质性的帮助。用边燕杰的话说，重要是帮助者在个人职业流动过程中所施加的影响。这样来看，本研究得出有关结构洞理论的经验分析结果可能就不是一种偶然的结果。[1]

四、人力资本

根据人力资本理论，个人在劳动力市场上的求职行为和职业获得的结果应该反映出个人的人力资本特点。我们在第四章中根据人力资本理论提出的基本命题是，个人的找职方式以及求职结果受个人所拥有的人力资本状况的影响，比如个人的教育程度、职业培训和专业证书。我们的分析结果显示，城市新移民所拥有的人力资本的差异对其寻找工作的渠道的选择发挥着重要影响。与拥有的人力资本量相一致，高中以下学历的城市新移民有62%的人通过市场途径找工作，而具有本科学历的城市新移民中有75.5%选择市场途径；同样，没有接受过职业培训的城市新移民中通过市场途径找工作的比例为67.6%，而接受了四次职业培训的为76.1%；没有获得专业技术资格证书的城市新移民有67.3%是通过市场途径找工作的，而获得了三个专业技术资格证书的是80.6%。人力资本和找职方式之间的这种关系在控制了其他影响因素之后仍然如此。在控制城市新移民的年龄、性别、婚姻状况后，学历、专业技术资格证书和职业培训次数与选择市场方式求职是正相关的，说明随

---

[1]　当然，就我们所掌握的资料来看，国内目前还没有运用结构洞理论分析个人职业地位获得的经验研究文献，本研究只是一个尝试，这一结果是否稳定，还有待以后有更多这方面的经验研究来印证。

着人力资本的增加，城市新移民选择市场方式找工作的概率就增大。

一种可能的解释是，在劳动力市场中，人力资本不同的人在求职过程中所经受的竞争压力是不同的。由于个人的生产能力无法直接观察到，在这种信息不对称的条件下，求职者的人力资本就自然会成为用人单位判断其生产能力高低的一个信号，从而使求职者被很容易地识别出来，这就激励拥有良好人力资本的求职者更加积极地通过市场的方式找工作。

对于职业地位获得结果问题，我们的经验分析结果是，城市新移民的人力资本对其职业获得结果具有显著的影响作用。也就是说，城市新移民的职业获得结果随着其人力资本的特定因素而有规律地变化。具体而言，城市新移民的受教育年数对其职业获得结果具有显著的正向作用。城市新移民月收入、职业的社会声望以及职业满意程度均受其受教育年数的显著影响。这些发现表明，个人的受教育水平对其在劳动力市场上的收益具有普遍和一致的促进作用。另一方面，我们测量人力资本的另外两个指标的分析结果是，城市新移民所获得的专业技术资格证书数量对其职业收入、职业的社会声望以及职业的满意度没有影响；城市新移民所接受的职业培训次数对职业满意状况具有正面影响，对职业收入和职业的社会声望没有影响。这一研究结果提供给我们的启发是，由于人力资本具有许多不同的类型，如贝克尔认为人力资本的投资包括正规学校教育、在职培训、医疗保健、迁移、以及收集价格和收入的信息等多种形式，在考察人力资本的作用时，要注意区分不同形式的人力资本的效用，因为这些效用很有可能是不相同的。我们的研究发现对于明确区分不同形式的人力资本的效用提供了一个经验性的参考。

总结一下，人力资本的三种形式对个人的找职方式的影响是一致的：人力资本越高，个人就越有可能选择市场方式找工作。但是在职业获得结果问题上，有必要仔细的分析和限定：教育对个人职业地位的贡献是一致的，无论是职业收入，还是职业声望和职业的满意程度，都是如此；专业技术资格证书对职业获得结果没有任何影响；职业培训次数虽然对职业满意状况具有正面影响，但是对职业收入和职业的社会声望没有影响。

在比较人力资本和社会资本对城市新移民职业获得结果的相对贡献时，我们分别比较了拥有的社会网络资本总量和受教育年数对城市新移民的月收入差异、职业的社会声望差异和对现职满意状况差异的相对效力。我们基本发现是：第一，在职业收入上，社会资本比人力资本的贡献大。在我们的分析中，拥有的社会网络资本总量比受教育年数所能解释的个人月收入差异量更多，并且拥有的社会网络资本总量的标准化回归系数也大于受教育年数的标准化回归系数。这都就意味着社会资本比人力资本对个人收入差异的解释力更大。第二，人力资本比社会资本对个人的职业声望贡献大。我们的分析发现，受教育年数比拥有的社会网络资本总量所能解释的城市新移民现职社会声望总差异量要多，显示出人力资本比社会资本对城市新移民的职业的社会声望效应更大。第三，在职业的满意状况上，人力资本和社会资本的贡献没有差别。受教育年数和拥有的社会网络资本总量变量对城市新移民现职的满意状况的影响没有差别。

长期以来，社会学家一直在谋求和经济学进行对话。社会资本理论成为社会学家向经济学发出挑战的一个重要武器。支持社会资本理论的社会学家认为社会资本也像人力资本那样对个人的生活机会产生巨大影响，甚至比人力资本的影响更大。所以，社会学中社会资本理论研究的一个诱人的课题就是比较社会资本和人力资本的相对效用。但是像我们在第二章文献评述中所指出的，国内目前这方面的研究还比较少，而且所得结果也不一致。我们分别从职业收入、职业声望和职业的满意度三个方面比较了人力资本和社会资本的相对效用，发现这两个因素对个人职业地位获得的影响侧重不一样。除了二者各自对找职方式施加正向影响以外，在收入上人力资本不如社会资本的效用大，但在对职业声望的效用上却超过了社会资本，在职业满意度上二者的效用相当，没有差别。我们的研究得出的启示是，在讨论人力资本和社会资本的相对效用时，要区分它们的不同影响，这样就可以对二者的作用有更加明确的认识。

对城市新移民职业地位获得问题的研究为我们提供了一个观察和理解中国社会转型的视角。我们的研究表明，随着经济社会的转型和市场经济的不断完善，个人的经济活动已经受到市场的巨大影响。比如在求职行为方面，个人越来越倚重于市场，人情关系的作用在降低。由此，联系到倪志伟（1989）提出的市场转型理论，我们的研究表明市场的力量的确在不断上升，它已经深深地影响到个人的微观经济行动。但另一方面，中国的文化传统依旧保持着强有力的影响。个人找工作仍然借助于强关系就是一例。这一点与近几年一些中国转型时代的研究中的经验发现是一致的。

第二节　本研究的局限

一、样本的代表性

严格地说，本研究所使用的城市新移民调查数据并不是建立在随机抽样方法获取的样本之上的。中国现在正处于快速城市化阶段，大量的流动人口和各类移民散布在各个城市之中。在现有的管理条件下，无法建立流动人口和移民的完整的信息库。本研究的对象城市新移民群体就是如此，所以我们在上海无法获取有关城市新移民的完整的抽样框。虽然我们采用了受访者推动抽样（RDS）方法，在传统"滚雪球抽样"方法的基础上，结合社会网络分析的理论和方法，尽力提高样本的代表性，从而根据样本对总体特征做出合理的推论，但这种方法毕竟不属于完全随机抽样，所以仍然不适合做出严格意义上的推而广之的结论。并且，我们的研究样本仅仅只是一个地区性样本，这里获得的结论究竟在多大程度上推论到全国其他城市，我们对此也无法做出回答。未来的研究也许可以采用全国性的样本进行这方面的探索，把城市新移民职业地位获得问题进一步推向深入。

二、指标的测量

本研究中个别变量的测量指标的设置显得有些粗糙。比如对动用的社会资本的测量。我们设计的指标是关系人是否"从事管理工作"，把从事政工／党务类管理、行政类管理、技术类管理、经营类管理都归为"从事管理工作"，另一类就是"不从事任何管理工作"。这种划分还比较粗略，因为管理工作是存在垂直等级差别的，不同等级水平的管理工作所拥有的资源很不相同。而我们的测量并没有反映出这一点，只是按照水平分类进行划分。

再比如结构洞的社会资本的测量。在伯特那里，一个人的结构洞的社会资本状况取决于其社会关系网络中各成员之间的关系阻断（disconnections）情况。除自我外，各成员之间关系阻断越多，则自我社会网络中的结构洞就越丰富，从而社会资本的含量就越好。在研究中，我们以重要问题讨论网来测量城市新移民社会关系网中的结构洞状况。我们要求被访者提供 5 个以内的重要问题讨论网成员（除本人外）。客观来讲，5 人这样的社会关系网络成员一般只是个人整个社会关系网络的一部分，甚至只是比较小的一部分。所以，以这 5 个人之间的关系阻断情况来测量城市新移民的结构洞的社会资本也许损失了一些实际存在的结构洞社会资本。

参考文献

1. 中文文献

1.1 中文著作

边燕杰、涂肇庆、苏耀昌：《华人社会的调查研究：方法与发现》，香港：牛津大学出版社 2001 版。

蔡昉、都阳、王美艳：《中国劳动力市场转型与发育》，北京：商务印书馆 2005 版。

陈婴婴：《职业结构与职业流动》，北京：东方出版社 1995 版。

方兵、彭志光：《生态移民：西部脱贫与生态环境保护新思路》，南宁：广西人民出版社 2002 版。

费孝通：《乡土中国 生育制度》，北京：北京大学出版社 1998 版。

胡必亮：《关系共同体》，北京：人民出版社 2005 版。

黄光国、胡先缙：《面子——中国人的权力游戏》，北京：中国人民大学出版社 2004 版。

李宏彬、张俊森：《中国人力资本投资与回报》，北京：北京大学出版社 2008 版。

157

李惠斌、杨雪冬：《社会资本与社会发展》，北京：社会科学文献出版社 2000 版。

李路路、边燕杰：《制度转型与社会分层：基于 2003 年全国综合社会调查》，北京：中国人民大学出版社 2008 版。

李沛良：《社会研究的统计应用》，北京：社会科学文献出版社 2002 版。

李培林、张翼、赵延东：《就业与制度变迁——两个特殊群体的求职过程》，杭州：浙江人民出版社 2000 版。

李培林：《农民工：中国进城农民工的经济社会分析》，北京：社会科学文献出版社 2003 版。

梁漱溟：《中国文化要义》，北京：生活·读书·新知三联书店 1987 版。

刘军：《社会网络分析导论》，北京：社会科学文献出版社 2004 版。

刘林平：《关系、社会资本和社会转型——深圳"平江村"研究》，北京：社会科学文献出版社 2002 版。

刘林平、万向东等：《制度短缺与劳工短缺》，北京：社会科学文献出版社 2007 版。

罗家德：《社会网分析讲义》，北京：社会科学文献出版社 2005 版。

罗家德：《中国人的信任游戏》，北京：社会科学文献出版社 2007 版。

孙立平：《转型期的中国社会》，北京：改革出版社 1997 版。

王奋宇、李路路等：《中国城市劳动力流动：从业模式、职业生涯、新移民》，北京：北京出版社 2001 版。

谢宇：《社会学方法与定量研究》，北京：社会科学文献出版社 2006 版。

许嘉猷：《社会阶层化与社会流动》，台北：三民书局 1986 版。

杨国枢：《中国人的心理与行为：本土化研究》，北京：中国人民大学出版社 2004 版。

袁方：《劳动社会学》，北京：中国劳动出版社 1992 版。

翟学伟：《人情、面子与权力的再生产》，北京：北京大学出版社2005版。

张凤林：《人力资本理论及其应用研究》，北京：商务印书馆2006版。

张继焦：《城市的适应－迁移者的就业与创业》，北京：商务印书馆2000版。

张文宏：《中国城市的阶层结构与社会网络》，上海：上海人民出版社2006版。

周雪光：《组织社会学十讲》，北京：社会科学文献出版社2003版。

周玉：《干部：职业地位获得的社会资本分析》，北京：社会科学文献城出版社2005版。

1.2 英文译著

[美]格拉诺维特：《镶嵌：社会网与经济行动》，罗家德译，北京：社会科学文献出版社2007版。

[美]加里·S.贝克尔：《人力资本》，梁小民译，北京：北京大学出版社1987版。

[美]林南：《社会资本：关于社会结构与行动的理论》，张磊译，上海：上海人民出版社2005版。

[瑞典]斯威德伯格：《经济社会学原理》，周长城等译，北京：中国人民大学出版社2005版。

[瑞典]斯威德伯格：《经济学与社会学》，安佳译，北京：商务印书馆2003版。

[美]西奥多·舒尔茨：《对人进行投资——人口质量经济学》，吴珠华译，北京：首都经济贸易大学出版社2002版。

1.3 中文期刊

包智明：《关于生态移民的定义、分类及若干问题》，载于《中央民族大学学报》(哲学社会科学版) 2006 年第 1 期。

边燕杰：《找回强关系：中国的间接关系、网络桥梁和求职》，载于《国外社会学》1998 年第 2 期。

边燕杰：《社会网络与职业获得》，载于《国外社会学》1999 年第 4 期。

边燕杰、李煜：《中国城市家庭的社会网络资本》，载于《清华社会学评论》(特辑)2000 年第 2 期。

边燕杰、张文宏：《经济体制、社会网络与职业流动》，载于《中国社会科学》2001 年第 2 期。

蔡昉：《中国劳动力市场发育与就业变化》，载于《经济研究》2007 年第 2 期。

曹子玮：《农民工的再建构社会网与网内资源流向》，载于《社会学研究》2003 年第 3 期。

陈阿江：《非自愿移民的自愿安置——市场经济条件下农村水库移民安置策略研究》，载于《学海》2006 年第 1 期。

陈成文、王修晓：《人力资本、社会资本对城市农民工就业的影响——来自长沙市的一项实证研究》，载于《学海》2004 年第 6 期。

程伟艳、宋巍：《我国劳动力市场发育的历史回顾》，载于《中共沈阳市委党校学报》2003 年第 2 期。

风笑天：《生活的移植——跨省外迁三峡移民的社会适应》，载于《江苏社会科学》2006 年第 3 期。

风笑天：《安置方式、人际交往与移民适应：江苏、浙江 343 户三峡农村移民的比较研究》，载于《社会》2008 年第 2 期。

风笑天、王小璐：《我国三峡移民研究的现状与趋势》，载于《社会科学研究》2004 年第 1 期。

桂勇、路德梅、朱国宏：《社会网络、文化制度与求职：嵌入问题》，载于《复旦学报》(社会科学版)2003 年第 3 期。

华金·阿朗戈：《移民研究的评析》，载于《国际社会科学杂志》(中文版)2001 年第 8 期。

胡鞍钢、杨韵新：《就业模式转变：从正规化到非正规化——我国城镇非正规就业状况分析》，载于《管理世界》2001 年第 2 期。

胡荣：《社会经济地位与网络资源》，载于《社会学研究》2003 年第 5 期。

黄先碧：《关系网效力的边界：来自新兴劳动力市场的实证分析》，载于《社会》2008 年第 6 期。

景志铮、郭虹：《城市新移民的社区融入与社会排斥——成都市社区个案研究》，载于《西北人口》2007 年第 2 期。

赖德胜：《教育、劳动力市场与收入分配》，载于《经济研究》1998 年第 5 期。

李春玲：《当代中国社会的声望分—职业声望与社会经济地位指数测量》，载于《社会学研究》2005 年第 2 期。

李汉林、渠敬东：《制度规范行为——关于单位的研究与思考》，载于《社会学研究》2002 年第 5 期。

李景治、熊光清：《中国城市新移民的政治排斥问题分析》，载于《文史哲》2007 第 4 期。

李路路：《社会资本与私营企业家——中国社会结构转型的特殊动力》，载于《社会学研究》1995 年第 6 期。

李路路：《制度转型与分层结构的变迁——阶层相对关系模式的"双重

再生产"》，载于《中国社会科学》2002 年第 6 期。

李培林：《流动民工的社会网络和社会地位》，载于《社会学研究》1996 年第 4 期。

李强：《中国大陆城市农民工的职业流动》，载于《社会学研究》1999 年第 3 期。

林南：《社会资源和关系的力量：职业地位获得中的结构性因素》，载于《国外社会学》1999 年第 4 期。

刘精明：《市场化与国家规制——转型期城镇劳动力市场中的收入分配》，载于《中国社会科学》2006 年第 5 期。

刘林平：《外来人群体中的关系运用——以深圳"平江村"为个案》，载于《中国社会科学》2001 年第 5 期。

刘欣：《市场转型与社会分层：理论争辩的焦点和有待研究的问题》，载于《中国社会科学》2003 年第 3 期。

刘祖云、刘敏：《关于人力资本、社会资本与流动农民社会经济地位关系的研究述评》，载于《社会科学研究》2005 年第 6 期。

陆德梅：《职业流动的途径及其相关因素——对上海市劳动力市场的实证分析》，载于《社会》2005 年第 3 期。

马德峰：《中国水库移民人口问题研究述评》，载于《苏州大学学报》(哲学社会科学版)2004 年第 3 期。

彭庆恩：《关系资本与地位获得——以北京市建筑行业农民包工头的个案为例》，载于《社会学研究》1996 年第 4 期。

卜长莉：《社会关系网络是当代中国劳动力流动的主要途径和支撑》，载于《长春理工大学学报》（社会科学版）2004 年第 2 期。

邱兴：《城市新移民子女教育：从概念到行动》，载于《教育导刊》2006 年第 12 期。

苏青、施国庆、余文学：《水库移民置换安置方式研究》，载于《河海大学学报》(哲学社会科学版)2001年第4期。

孙立平：《"关系"、社会关系与社会结构》，载于《社会学研究》1996年第5期。

王春光：《中国职业流动中的社会不平等问题研究》，载于《中国人口科学》2003年第2期。

王桂新、张蕾、张伊娜：《城市新移民贫困救助和社会保障机制研究》，载于《人口学刊》2007年第3期。

王毅杰、童星：《流动农民职业获得途径及其影响因素》，载于《江苏社会科学》2003年第5期。

文军：《论我国城市劳动力新移民的系统构成及其行为选择》，载于《南京社会科学》2005年第1期。

吴宗法、施国庆：《工业化进程中的过程移民》，载于《河海大学学报》(哲学社会科学版)2002年第2期。

肖鸿：《试析当代社会网研究的若干进展》，载于《社会学研究》1999年第3期。

徐晓军：《大学生就业过程中的双重机制：人力资本与社会资本》，载于《青年研究》2002年第6期。

许海燕：《我国劳动力市场发育成长及障碍分析》，载于《理论界》2006年第3期。

曾旭辉：《再就业劳动力市场中的人力资本效用》，载于《市场与人口分析》2004年第3期。

曾旭辉：《非正式劳动力市场人力资本研究——以成都市进城农民工为个案》，载于《中国农村经济》2004年第3期。

翟学伟：《社会流动与关系信任——也论关系强度与农民工的求职策

略》，载于《社会学研究》2003 年第 1 期。

张春泥、刘林平：《网络的差异性和求职效果——农民工利用关系求职的效果研究》，载于《社会学研究》2008 年第 4 期。

张宛丽：《非制度因素与地位获得——兼论现阶段中国社会分层结构》，载于《社会学研究》1996 年第 1 期。

张文宏：《社会资本：理论争辩与经验研究》，载于《社会学研究》2003 年第 4 期。

张文宏：《社会网络资源在职业配置中的作用》，载于《社会》2006 年第 6 期。

张翼：《中国人社会地位的获得——阶级继承和代内流动》，载于《社会学研究》2004 年第 4 期。

赵红英：《近一二十年来中国大陆新移民若干问题的思考》，载于《华人华侨历史研究》2000 年第 4 期。

赵丽丽：《城市女性婚姻移民的社会支持研究——以上海市"外来媳妇"为例》，载于《同济大学学报》(社会科学版)2008 年第 2 期。

赵延东、风笑天：《社会资本、人力资本与下岗职工的再就业》，载于《上海社会科学院学术季刊》2000 年第 2 期。

赵延东、Jon Pedersen：《受访者推动抽样：研究隐藏人口的方法与实践》，载于《社会》2007 年第 2 期。

赵延东、罗家德：《如何测量社会资本》，载于《国外社会学》2005 年第 2 期。

赵延东、王奋宇：《城乡流动人口的经济地位获得及决定因素》，载于《中国人口科学》2002 年第 4 期。

周其仁：《机会与能力——中国农村劳动力的就业和流动》，载于《管理世界》1997 年第 5 期。

1.4 学位论文

赵延东：《下岗职工的社会资本与再就业》，中国社会科学院 2001 年博士学位论文。

2. 英文文献

2.1 英文原著

Blau, Peter & Duncan, Otis Dudley. *The American Occupational Structure*. New York : Wiley. 1967.

Burt, Ronald S. *Structural Holes : the Social Structural of Competition*. Cambridge : Harvard University Press. 1992.

Fischer, Claude S. *To Dwell Among Friends : Personal Networks in Town and City*. Chicago : University of Chicago Press. 1982.

Granovetter, Mark. *Getting a Job : A Study of Contacts and Careers*. Cambridge : Harvard University Press. 1974.

Granovetter, Mark. *Getting a Job* (Second edition). Chicago : University of Chicago Press. 1995.

Marsden, P. V. & Lin, Nan(eds). Beverly Hills, CA : Sage. 1982.

2.2 英文期刊

Bian, Yanjie. "*Guanxi* and Allocation of Jobs in Urban China.", *The China Quarterly*, 1994(140), pp971-999.

Bian, Yanjie. "Bringing Strong Ties Back In: Indirect Connection, Bridges, and Job Search in China.", *American Sociological Review*, 1997(62), pp366-385.

Bian,Yanjie and Ang, Soon. "Guanxi Networks and Job Mobility in China and

Singapore, *Social Forces."*, 1997(75), pp981-1 006.

Blau, Peter M. "Danqing, and Monika : interpersonal Choice and Networks.", *Social Forces*, 1991(69), pp1 037-1 062.

Bridges, William P. & Villemez, Wayne J. "Informal Hiring and Income in the Labor Market.", *American Sociological Review*, 1986(51), pp574-582.

Boxman, Ed A.W. De Graaf, Paul M. and Flap, Hendrik D. "The Impact of Social and Human Capital on the Income Attainment of Dutch Managers.", *Social Networks*, 1991(13), pp51-73.

Campbell, Karen E. "Job Search and Job Mobility: Sex and Race Differences.", *Research in the Social of Work*, 1985(3), pp147-174.

Campbell, Karen E. Peter V. Marsden, & Hurlbert, Jeanne S. "Social Resources and Socioeconomic Status.", *Social Networks*, 1986(8), pp97-117.

Coleman, James S. "Social Capital in the Creation of Human Capital.", *American Journal of Sociology*, 1988(94), pp95-120.

Davern, Michael. "Social Networks and Prestige Attainment : New Empirical Findings.", *Economics and Sociology*, 1999.

De Graaf, Nan Dirk, and Hendrik Derk Flap. "With a Little Help from My Friends:Social Resources as an Explanation of Occupational Status and Income in West Germany, the Netherlands, and the United States.", *Social Forces*, 1988(67), pp 452-472.

Flap, Henk & Volker, Beate. "Goal Specific Social Capital and Job Satisfaction Effects of Different Types of Networks on Instrumental and Social Aspects of Work.", *Social Networks*, 2001(23), pp297-320.

Fernandez, Roberto M. "Social Capital at work: Networks and Employment at a Phone Center.", *American Journal of Sociology*, 2000(105),pp1 288-1 356.

Fernandez, Roberto M. & Weinberg, Nancy. "Sifting and Sorting: Personal Contacts and Hiring in a Retail Bank.", *American Sociological Review*, 1997(62), pp 883-902.

Granovetter, Mark. "The Strength of Weak Ties.", *American Journal of Sociology*, 1973(78), pp1 360-1 380.

Granovetter, Mark. "Economic Action and Social Structure:The Problem of Embeddedness.", *American Journal of Sociology*, 1985(91), pp481-510.

Korenman, Sanders. "Employment Contacts and Minority-White Wage Differences.", *Industrial Relations*, 1996(35), pp106-122.

Lai, Gina. Lin, Nan, Leung, Shu-Yin. "Network Resources, Contact Resources, and Status attainment.", *Social Networks*, 1998(20), pp159-178.

Lin, Nan & Bian, Yanjie. "Getting Ahead in Urban China.", *American Journal of Sociology* , 1991(97), pp 657-688.

Lin, Nan & Dumin, Mary. "Access to Occupations through Social Ties.", *Social Networks*, 1986(8), pp365-385.

Lin, Nan, Ensel, Walter M. and Vaughn, John C. "Social Resources and Strength of Ties: Structural Factors in Occupational Status Attainment.", *American Sociological Review*, 1981 (46), pp393-405.

Lin, Nan & Xie, Wen. "Occupational Prestige in Urban China.", *American Journal of Sociology*, 1988(93), pp793-832.

Logan, John R. & Bian, Yanjie. "Access to Community Resources in a Chinese City.", *Social Forces*, 1993(72), pp555-576.

Marsden, Peter V. "Core Discussion Networks of American.", *American Sociological Review*, 1987(52), pp 122-131.

Marsden, Peter V. & Campbell, Karen E. "Measuring Tie Strength.", *Social*

Forces, 1984(63), pp482-501.

Marsden, Peter V. & Hurlbert, Jeanne S. "Social Resources and Mobility Outcomes : A Replication and Extension.", *Social Forces*, 1988(66), pp1 034-1 059.

Mcpherson, Miller, Lynn, Smith-Lovin & Cook, James. "Birds of a Feather: Homophily in Social Networks.", *Annumal Review of Sociology* , 2001(27), pp 415-444.

Montgomery, James D. "Social Networks and Labor-Market Outcomes : Toward an Economic Analysis.", *American Economic Review*, 1991(81), pp 1 408-418.

Montgomery, James D. "Job Search and Network Composition : Implications of the Strength-of-Weak-Ties Hypothesis.", *American Sociological Review*, 1992(57), pp586-596.

Montgomery, James D. Weak Ties, "Employment, and Inequality : An Equilibrium Analysis.", *American Journal of Sociology*, 1994(5), pp1 212-1 236.

Nakao, Keiko. "Social Resources and Occupational Status Attainment : Comparison of Japanese and American Employees' Personal Networks.", *International Journal of Sociology*, 2004(13), pp88-99.

Nee, Victor. "A Theory of Market Transition : From Redistribution to Markets in State Socialism.", *American Sociology Review*, 1989(54), pp663-681.

Petersen, Trond & Saporta, Ishak. "Offering a Job : Meritocracy and Social Networks.", *American Journal of Sociology*, 2000(106), pp763-816.

Podolny, Joel M. & Baron, James N. "Resources and Relationships : Social Networks and Mobility in the Workplace.", *American Sociology Review*, 1997(62), pp673-693.

Reingold, David. "Social Networks and the Employment Problem of the Urban

Poor.", *Urban Studies*, 1999(36), pp1 907-1 932.

Rosenbaum, James E. "Pathways into Work : Short-and-Long-Term Effects of Personal and Institutional Ties", *Sociology of Education* , 1999(72), pp179-196.

Sanders, Jimmy & Victor, Nee. "Immigrant Self-employment : The Family as Social Capital and The Value of Human Capital.", *American Sociological Review*, 1996(61), pp231-249.

Smart, Alan. "Gifts, Bribes, and Guanxi : A Reconsideration of Bourdieu's Social Capital.", *Cultural Anthropology* , 1993(8), pp 388-408.

Ted Mouw. "Social Capital and Finding a Job : Do Contacts Matter ?" *American Sociological Review*, 2003(68), pp868-898.

Volker, Beate and Flap, Henk. "Getting Ahead in the GDR : Social Capital and Status Attainment under Communism.", *Acta Sciological*, 1999(42), pp17-34.

Walder, Andrew G. "Property Rights and Stratification in Socialist Redistributive Economies.", *American Sociology Review*, 1992(57), pp524-539.

Watannabe, Shin. "Job-Searching : A Comparative Study of Male Employment Relations in the United States and Japan.", *Doctoral Dissertation University of California, Los Angeles*. 1987.

Wegener, Bern. "Job Mobility and Social ties:Social Resources, Prior Job, and Status Attainment.", *American Sociological Review*, 1991(56), pp60-71.

Zhou, Xueguang. Zhao, Wei Li, Qiang & He, Cai. "Embeddedness and Contractual Relationships in China's Transitional Economy.", *American Sociological Review*, 2003(68), pp75-102.

附录一：调查问卷

地址：___区___路___弄___号 问卷编号 [ID]___ 联系电话___

城市新移民问题调查问卷

上海大学社会学系
2007 年 3 月

第一部分　家庭基本情况

1、您在本市的户口类型是：

1) 本市非农业　2) 本市农业　3) 居住证　4) 暂住证　5) 其他_____

2、您是哪年来本市的？____年，出生地在哪里？

1)___省___市___县　　2) 香港　3) 澳门

4) 台湾　5) 国外：_____（请注明国家）

3、您移居上海的主要原因？（途径）

1) 工作 / 就业 2) 参军　3) 转干　4) 家属团聚 / 随迁　5) 升学

6) 工作调动　7) 落实政策　8) 创业　9) 子女发展　10) 其他（请注明）

4、a.来上海之前您在哪里工作或学习：

1)___省___市___县　2) 香港　　3) 澳门　　4) 台湾

5) 国外：_____（请注明国家）

b. 如果是在国内，您来上海工作或生活之前的地区属于：

　　1) 农村　2) 城镇　3) 县级市　4) 地级市　5) 省会城市　6) 直辖市　7) 港澳台

5、您的婚姻状况是：

　　1) 未婚　2) 已婚　3) 离婚未再婚　4) 离婚后再婚　5) 丧偶未再婚

　　6) 丧偶后再婚　　7) 不回答

6、请介绍被访者、配偶、共同居住的其他家庭成员、被访者父母的一些情况：

称谓及称谓编号	性别 1)男 0)女	年龄	教育程度	政治面目	行业	职业（填写实际工作岗位或工种）	单位性质	行政级别	月均总收入（元）	是否住在上海 1)是 0)否
被访者										
配偶										
家庭成员1										
家庭成员2										
家庭成员3										
被访者父										
被访者母										
配偶父亲										
配偶母亲										

7、a. 请告诉我们您的兄弟姐妹的情况：

您有多少兄弟姐妹？	兄弟（人）	姐妹（人）	配偶的兄弟姐妹（人）
共有几个？			
目前在上海的有几个？			
其中有上海户口的几个？			

b. 除了上述的父母兄弟姐妹以外，在上海，您的亲戚还有多少？ ___ 个

8、您在本市的居住方式是：

　　1) 租住单位公房　　2) 外来人口公寓　　3) 租住商品房　　4) 与亲友同住

5) 已购商品房　　　6) 随工作而居　　　7) 其他 _____（请注明）

9、您现住房的产权和租赁情况是:

　　1) 租住单位房　　　　　　2) 租住公房　　　　3) 租住私房

　　4) 自有私房（继承与自建）　5) 已购房（部分产权）

　　6) 已购房（全部产权）　　　7) 其他（请说明）_____

10、如果您现在没有购房,是否将来有在上海买房的意愿?

　　1) 不打算在本地买房　　　2)3—5 年内会考虑买房　　　3) 没有考虑过

11、您目前居住在哪个区? _____ 区（具体注明）

　　位置处于: 1) 内环　　　　　2) 中—内环间　　　　3) 中—外环间

　　　　　　　4) 外环—郊环　　5) 郊环以外　　　6) 上海以外的地区

12、您现住房的房产证或购房、租赁合同在谁的名下?

　　1) 您本人　2) 配偶　　　3) 夫妻共享　　4) 子女　　5) 夫妻和子女

　　6) 父母　　7) 配偶父母　8) 祖父母　　9) 媳婿　　10) 孙子女

　　11) 兄弟姐妹　12) 单位　13) 其他亲友　14) 其他（请注明）_____

13、您的现住房的基本状况如何?

　　a. 现住房大约建于哪个年代?

　　1) 解放以前　　　　2)1950—1965 年　　　3)1966—1979 年

　　4)1980—1995 年　　5)1996 年以来　　　6) 不清楚

　　b. 现住房的建筑面积_____平方米,_____室;_____厅;_____卫生间

　　c. 按现在的市场行情,请估计一下现住房大约价值___万元?（若为租房,不做答)

　　d. 如果是租房,每月月租金_____元。

14、a. 除了现住房外,您家在别处是否还拥有具有部分或全部产权的住房?

　　1) 没有（**跳答 15**）　　2) 还有,共_____处

　b.（如果别处还有住房）请问其他各处住房的建筑面积共有多少_____平方米?

c.（如果别处还有住房）按当地的市场行情，其他各处住房大约共值___万元？

15、请您估计 2006 全年家庭各种收入总和：_____元（包括全家所有成员的全部工资、各种奖金、补贴、分红、股息、经营性纯收入、银行利息、馈赠等）

16、请您估计下列各项家庭支出情况：

    1）平均每月食品支出_____元   2）去年全年医疗费大约_____元

    3）去年教育支出大约_____元；   4）去年礼尚往来支出_____元

    5）去年住房（购房、租房或装修住房）支出 ____元

17、您家拥有的下列各项耐用消费品的数量（请在横线上填数字）：

    ____彩电   ____空调   ____摄像机   ____家庭影院   ____手机

    ____计算机   ____家用轿车   ____钢琴   ____冰箱   ____摩托车

18、按 2006 年的收支情况，您的个人的生活水平在上海大体属于哪个层次？

    1）上层   2）中上层   3）中层   4）中下层   5）下层   6）说不清

19、您个人的综合社会经济地位在上海大体属于哪个层次？

    1）上层   2）中上层   3）中层   4）中下层   5）下层   6）说不清

第二部分 社会交往情况

20、下面有几种与本地人交往情况的描述，请回答您对下述态度的评价（每行单选，画"√"）就您的态度而言：

	1) 很不愿意	2) 不愿意	3) 无所谓	4) 愿意	5) 非常愿意	6) 不知道
您愿意与本地人一起工作吗？						
您愿意与本地人聊天吗？						
您愿意与本地人做邻居吗？						
您愿意与本地人做亲密朋友吗？						
您愿意与本地人做亲戚或通婚吗？						
您愿意与本地人一起参与社区管理吗？						

21、请告诉我们您经常接触的人、朋友、同事和居住小区的一些情况：（请在相应栏里画"√"）

	1）全是上海人	2）大部分是上海人	3）大部分是外地人	4）全是外地人	5）各占一半
经常接触的人					
朋友					
同事					
居住小区					

a. 在上海，您经常联系的朋友有 _____ 个？

b. 在上海，您经常联系的老乡有 _____ 个？

c. 在上海，您经常联系的同事有 _____ 个？

22、您希望子女在上海发展吗？

1）非常想　2）比较想　　3）无所谓　4）不太想　　5）最好不留在上海

23、是否有本地人成为你的邻居呢？

1）是　　　　2）否　　　3）不知道

24、您是否邀请过本地人到您家做客呢？

1）经常　　　　2）偶尔　　　3）从来没有

25、您听得懂上海话吗？

1）全能听懂　　2）听懂一些　　3）听不懂

26、您能讲上海话吗？

1）能讲　　　　2）能讲一点　　3）不能

27、您平时在家中讲哪种语言多一些：

1）上海话　2）老家方言　3）普通话　4）英语　5）其他（请注明）____

28、在工作中讲哪种语言多一些：

1）上海话　2）老家方言　3）普通话　4）英语　5）其他（请注明）____

29、在社会交往中讲哪种语言多一些：

1) 上海话　2) 老家方言　3) 普通话　4) 英语　5) 其他（请注明）____

30、您是否熟悉本地特有的风俗习惯？

　　1) 很熟悉　　　　2) 大部分熟悉　3) 熟悉一些　4) 几乎不熟悉

31、您和家人会过本地人的节日吗？

　　1) 全部过　　　2) 偶然过　　　3) 几乎不过

32、在日常交往中，您会按照本地人的风俗习惯办事吗？

　　1) 完全遵守　　2) 仅仅与本地人交往时才遵守　3) 从不遵守　4) 不知道

33、a. 在上海生活，您曾经受过自认为不公正的对待吗？

　　1) 经常　　　　2) 偶尔　　　　3) 没有

b. 如果有，发生在什么地方或场合？（可多选）

　　1) 商场 / 市场　2) 服务娱乐场所　3) 本单位　4) 政府部门　5) 公交车

　　6) 医院　　　　7) 学校　　　　8) 居住小区　9) 找工作的过程中

　　10) 其他（请注明）_____

34、您觉得您在社会上的人际交往范围属于：

　　1) 很广泛　　2) 广泛　　3) 一般　　4) 不广泛

35、您在社会上托人办事是否有优势：

　　1) 很有优势　2) 有优势　3) 一般　　4) 没有优势

36、2007 年的春节您是在哪里度过的？

　　1) 上海　　　2) 老家　　　3) 其他地方_____

37、在 2007 年春节期间，以各种方式互相拜年、交往的亲属、亲密朋友和熟人大概有多少人？

　　a. 亲属_____人，其中上海本地亲属_____人

　　b. 亲密朋友_____人，其中上海本地朋友_____人

　　c. 熟人_____人，其中上海本地熟人_____人

38、在上述以各种方式互相拜年的人当中，有没有在下列工作单位工作的？

（请在相应栏里画"√"）

	亲属	是否本地人	亲密朋友	是否本地人	熟人	是否本地人
党政机关						
国有企业						
国有事业						
集体企业						
个体经营						
私 / 民营企业						
三资企业						
其他类型						

39、他们里面有没有从事下列工作的？（请在相应栏里画"√"）

	亲属	是否本地人	亲密朋友	是否本地人	熟人	是否本地人
产业工人						
大学教师						
中小学教师						
医生						
护士						
厨师、炊事员						
饭店餐馆服务员						
营销人员						
无业人员						
科学研究人员						
法律工作人员						
经济业务人员						
行政办事人员						
工程技术人员						
政府机关负责人						
党群组织负责人						
企事业单位负责人						
家庭保姆、计时工						

40、a. 大多数人时常会和他人讨论<u>重要的问题</u>。在过去半年内，您和<u>谁</u>讨论过对您来说是重要的问题呢？这些人可以是您的配偶、家人、亲戚、同事、老同学、邻居、朋友及其他人等。请您说出这些人的姓或简称，如老张、小李、王姨等（竖列提问，按每个讨论对象来提问）。

	第一人姓：	第二人姓：	第三人姓：	第四人姓：	第五人姓：
讨论的是哪方面问题？ 1) 情感 / 是非方面的问题 2) 有事要办 3) 两方面都有					
您与他 / 她是什么关系（**请具体写明关系类别**，如配偶、子女、兄弟姐妹、近亲、远亲、好朋友、一般朋友、同事、邻居、老乡、老同学等，**尽量将关系问具体**）					
他 / 她是否是本地人	1是 0否	1是 0否	1是 0否	1是 0否	1是 0否
他 / 她的性别是：	1男 0女	1男 0女	1男 0女	1男 0女	1男 0女
他 / 她的年龄是：					
他 / 她的教育程度是： 1) 未受过正式教育 2) 小学 3) 初中 4) 高中 5) 职高 6) 技校 7) 中专 8) 职大 / 电大 9) 大专 10) 大学本科 11) 研究生及以上					
他 / 她的职业是： 填写具体岗位 / 工种名称					
他 / 她的工作单位 / 公司是： 1) 党政机关 2) 国有企业 3) 国有事业 4) 集体企事业 5) 个体经营 6) 私 / 民营企业 7) 三资企业 8) 其他					
他 / 她的管理职务是： 1) 政工 / 党务 2) 行政 3) 技术 4) 经营 5) 无管理职务					
他 / 她的行政级别是： 1) 无级 2) 科级 3) 处级 4) 局级及以上					
在过去半年内与他 / 她交往的频繁程度是： 1) 经常 (每周一、二次)2) 有时 (一月一、二次)3) 很少 (半年一、二次)4) 没有过					
你们认识多久了？（填具体年数）					

b.包括上述5个人，被访者提到的讨论重要问题的总人数：_____（注意：提名超过5个，记录实际数字）

c.您提到的上述几个人之间的相熟程度如何？请在下表空格内填写相应的相熟程度编码：1）不认识　2）不太熟　3）比较熟　4）非常熟

```
本人
      第一人
            第二人
                  第三人
                        第四人
                              第五人
```

41、a.过去一年里，有人帮助过您吗？

1）有人帮助过我　　2）找不到合适人帮助

3）不需要别人帮助（2）、3）跳问42）

b.给您帮过忙的人，是您的家人亲戚，还是朋友？

1）都是家人亲戚　　2）大部分是家人亲戚　　3）大部分是朋友

4）全是朋友　　5）各占一半

c.给您帮过忙的人，是不是您的同乡？

1）都是同乡　　　2）大部分是　　　　3）大部分不是

4）都不是　　　　5）各占一半

d.给您帮过忙的人，多是男性，还是女性？

1）都是男性　　　2）大部分是男性　　3）大部分是女性

4）都是女性　　　5）各占一半

e.给您帮过忙的人，是否是您的同事？

1）都是同事　　　2）大部分是　　　　3）大部分不是

4）都不是　　　　5）各占一半

f.给您帮过忙的人，是不是上海人？

1）都是　　　　　2）大部分是　　　　3）大部分不是

4）都不是　　　　5）各占一半

42、a. 过去一年里，当您心情不太好时，或感到有点沮丧，您找过谁谈心？

　　1) 找人谈过　　　2) 不想找人谈　　　3) 找不到合适人谈

　　4) 没有这种情况（**2）、3）、4）跳问 43**）

b. 跟您谈心的人，是您的家人亲戚，还是朋友？

　　1) 都是家人亲戚　　2) 大部分是家人亲戚　　3) 大部分是朋友

　　4) 全是朋友　　　5) 各占一半

c. 跟您谈心的人，是不是您的同乡？

　　1) 都是同乡　　　2) 大部分是同乡　　3) 大部分不是

　　4) 都不是　　　5) 各占一半

d. 跟您谈心的人，多是男性，还是女性？

　　1) 都是男性　　　2) 大部分是男性　　3) 大部分是女性

　　4) 都是女性　　　5) 各占一半

e. 跟您谈心的人，是否是您的同事？

　　1) 都是　　　　2) 大部分是　　　3) 大部分不是

　　4) 都不是　　　5) 各占一半

f. 跟您谈心的人，是否是上海本地人？

　　1) 都是　　　　2) 大部分是　　　3) 大部分不是

　　4) 都不是　　　5) 各占一半

43、a. 闲暇时间您是否跟别人一起度过？如：看电视、看电影、聊天、购物、打牌、游玩等。

　　1) 有人跟我一起玩　　2) 找不到合适人一起玩

　　3) 没有时间玩（**2）、3）跳问 44**）

b. 与您一起玩的人，是您的家人亲戚，还是朋友？

　　1) 都是家人亲戚　　　2) 大部分是家人亲戚　　3) 大部分是朋友

　　4) 全是朋友　　　5) 各占一半

c. 平常跟您一起玩的人，是不是您的同乡？

1) 都是我的同乡   2) 大部分是   3) 大部分不是

4) 全都不是   5) 各占一半

d. 平常跟您一起玩的人，多是男性，还是女性？

1) 都是男性   2) 大部分是男性   3) 大部分是女性

4) 都是女性   5) 各占一半

e. 平常跟您一起玩的人，是否是您的同事？

1) 都是   2) 大部分是   3) 大部分不是

4) 都不是   5) 各占一半

f. 平常跟您一起玩的人，是否上海本地人？

1) 都是   2) 大部分是   3) 大部分不是

4) 都不是   5) 各占一半

44、您认为自己属于：

1) 上海人   2) 新上海人   3) 既是上海人又是外地人

4) 外地人   5) 不清楚

45、您认为什么样的人可以称为上海人（可选多项）：

1) 有上海户口   2) 在上海有稳定职业   3) 出生在上海

4) 在上海生活   5) 祖籍在上海   6) 讲上海话

7) 在上海有房子   8) 在上海有家

9) 按照上海当地的风俗习惯办事

10) 按照上海当地的价值观念办事   11) 其他（请注明）_____

46、您未来在上海生活工作的打算是：

1) 长期在上海工作、生活   2) 3—5 年以后再到其他地方

3) 暂时不考虑

47、下面有几种与本地人交往情况的描述，请回答您对下列陈述的评价（每

行单选）在您看来：

	1) 很不 愿意	2) 不愿意	3) 无所谓	4) 愿意	5) 非常 愿意	6) 不知道
本地人愿意与您一起工作吗？						
本地人愿意与您聊天吗？						
本地人愿意您做他们的邻居吗？						
本地人愿意您做亲密朋友吗？						
本地人愿意您做他们的亲戚或通婚吗？						
本地人愿意您参与社区管理吗？						

第三部分　个人职业经历和谋职 / 创业过程

48、来上海之前，你在 _____ 个地方生活、工作、学习过？

49、来上海之前，你换过 _____ 次工作？

50、来上海之前，按照当年的收支情况，您个人的经济水平在当地大体属于哪个层次？

　　1) 上层　　2) 中上层　　3) 中层　　4) 中下层　　5) 下层　6) 不好说

51、来上海之前，根据一般的综合社会经济地位，您个人在当地属于：

　　1) 上层　　2) 中上层　　3) 中层　　4) 中下层　　　5) 下层　6) 不好说

52、如果您受过高中以上的正规教育，那么您的专业是：

　　1) 理科（数、理、化、天、地、生）　　2) 生物工程

　　3) 计算机应用、软件　　4) 其他工科　　5) 医学、药学

　　6) 农林牧渔　　　　　　7) 财政金融　　8) 经济类

　　9) 管理科学　　　　　　10) 服务专业　　11) 法律

　　12) 人口、社会、政治学　　　　13) 马列科社、文史哲

　　14) 外语　　15) 教育、心理图书情报

　　16) 军事　　17) 体育艺术　　18) 其他（请注明）_____

53、a. 到目前为止，您是否获得过专业技术资格证书（执业资格）？

　　1) 是　　2) 否（**跳问 54**）

　b. 如果获得过，那么请问是哪一类？共获得 ＿＿＿ 种证书？

　　1) 法律类　　　　　　　　　　　2) 医务、药业类

　　3) 管理、咨询、商务、市场营销类　4) 房地产、金融、保险类

　　5) 经济专业技术、评估、拍卖类　　6) 统计、会计、税务、审计类

　　7) 语言、教育、出版类　　　　　　8) 计算机应用及软件类（IT 类）

　　9) 建筑工程、城市规划类　　　　　10) 其他（请注明）＿＿＿＿

54、请告诉我们有关您工作方面的一些事情：

	求职渠道	职业类别：1) 务农 2) 参军 3) **具体职业（请注明工作岗位）**	管理工作的层次	行政级别	技术职称	单位性质	工作单位的主管部门的行政级别	从业身份 1) 雇主 2) 受雇 3) 自雇	月均总收入（元）
第1份工作 从 年 月 到 年 月									
来上海**前**的最后一份工 从 年 月 到 年 月									
到上海**后**的第1份工作 从 年 月 到 年 月									
目前工作 从 年 月 到 年 月									

55、您第一次来上海找工作或创业时，您的努力程度：

　a. 包括正式和非正式申请，同时申请了 ＿＿＿ 份工作？

　b. 从找工到上班（从筹备到开业生产、经营）大约有 ＿＿＿＿ 个月？

　c. 从哪些渠道收集工作信息或经营信息？（可选多项）

　　1) 广告　　　　　2) 互联网　　　3) 报纸\电台\电视台等媒体

　　4) 中介机构　　　5) 单位 / 公司　6) 政府主管部门

7) 其他各类组织　　8) 各类社会关系　　9) 其他 (请说明)_____

d. 您实际使用了哪些渠道？（可填多项）

1) 父母及直系亲属帮忙　　　　2) 国家安置 / 组织调动

3) 个人直接申请　　　　　　　4) 职业介绍机构

5) 熟人和朋友介绍推荐　　　　6) 自雇

7) 其他 (说明)_____

e. 在上述几种渠道中，哪种最主要的渠道使您获得目前的工作？

_____ **（填 55、d. 题的编码）**

56、亲友和熟人的作用：

a. 当时有多少人帮忙打听信息，沟通情况，提供帮助？　_____ 人 **(没有填 0，跳答 58 题)**

b. 他们提供了有关工作 / 创业的信息吗？　　1) 提供了　　2) 没有提供

c. 他们还提供了其他实质性的帮助吗？　　1) 提供了　　2) 没有提供

57、起关键作用的人？

a. 在这些人中请考虑一位起关键作用的人，他 / 她是您的什么关系（同乡、同学、朋友的亲戚）_____

b. 您和他 / 她的相熟程度是：

1) 不认识　　2) 不太熟　　3) 比较熟　　4) 非常熟

c. 您和他 / 她的亲密程度：

1) 谈不上亲密　　2) 不太亲密　　3) 比较亲密　　4) 非常亲密

d. 您和他 / 她的信任程度

1) 谈不上信任　　2) 不太信任　　3) 比较信任　　4) 非常信任

e. 他 / 她的管理职务是：

1) 政工 / 党务　　2) 行政　　3) 技术　　4) 经营

5) 不从事任何管理工作

f. 他 / 她的单位性质

1) 党政机关　　2) 国有企业　　　3) 国有事业　　4) 集体企事业

5) 个体经营　　6) 私营 / 民营企业　7) 三资企业　　8) 其他类型

g. 他 / 她与招工主事人：

1) 不认识　　　2) 不太熟　　3) 比较熟　　　4) 非常熟　　5) 是主事人

h. 您和他 / 她仍保持联系？　1) 是　　　2) 否

i. 他 / 她是否是本地人？　　1) 是　　　2) 否

58、如果您是自己创业，那么您的开业资金的主要来源是什么？（可多选）

1) 个人积蓄　　2) 亲朋好友给钱　　3) 亲朋好友借款

4) 民间贷款　　5) 银行贷款　　　6) 其他 _____（请注明）

59、您为什么从事目前的工作 / 经营？（单选）

1) 有类似经验　　　　　　　2) 有技术背景

3) 在上海的亲朋提供资源（信息、场地、货源等）　4) 政府支持

5) 老家的亲朋提供资源（信息、场地、货源等）　6) 开业容易

7) 没有更好的工作　　　8) 其他 _____

60、您来上海后有没有换过工作？

1) 没有换过（**跳答 62**）　2) 换过 ___ 次

61、您最近一次换工作的主要原因？（单选）

1) 组织调动　2) 挣钱少　3) 工作太苦太累　4) 原单位倒闭　5) 自己开业

6) 被解雇　　7) 原单位名声不太好　　8) 原单位的人际环境不佳

9) 与领导的关系不睦　　　　　　　10) 其他 _____

62、没有换过工作的原因：

1) 单位的工资较好　　2) 单位的福利较好　　3) 单位的名声很好

4) 单位的人际关系融洽　5) 与领导的关系好　6) 有发展前景

7) 其他 _____

63、参加工作以来，您是否接受过与工作岗位相关的正规职业培训？

1) 从未参加　　2)1 次　　3)2 次　　4)3 次　　5)4 次及以上

64、您每周用于工作的时间大约是 _____ 小时。

65、在工作中，您与下列各类人员打交道的频繁程度是：（请在相应栏里画"√"）

	1) 经常	2) 有时	3) 很少	4) 从不	5) 不适用
顾客 / 服务对象					
客户 / 供应商					
各种来客					
上级领导					
下级同事					
平级同事					
上级部门 / 单位					
下级部门 / 单位					
其他单位					

66、您目前的单位 / 公司是否为您提供下列各种保险和补贴：

a. 公费医疗　　　1) 提供　　2) 不提供　　3) 不清楚　　4) 不适用

b. 基本医疗保险　1) 提供　　2) 不提供　　3) 不清楚　　4) 不适用

c. 补充医疗保险　1) 提供　　2) 不提供　　3) 不清楚　　4) 不适用

d. 基本养老保险　1) 提供　　2) 不提供　　3) 不清楚　　4) 不适用

e. 补充养老保险　1) 提供　　2) 不提供　　3) 不清楚　　4) 不适用

f. 失业保险　　　1) 提供　　2) 不提供　　3) 不清楚　　4) 不适用

g. 住房　　　　　1) 提供　　2) 不提供　　3) 不清楚　　4) 不适用

h. 住房公积金　　1) 提供　　2) 不提供　　3) 不清楚　　4) 不适用
（或住房补贴）

67、请您大致说说您的个人收入情况（包括工资、各种奖金、补贴、分红、股息、经营性纯收入、银行利息、馈赠等所有收入）：

a. 1) 上个月，您个人所获得的总收入是_____元，2) 不回答

b. 2)2006 年全年的个人总收入是多少？_____元，2) 不回答

68、您对下列各种现状的满意度：（请在相应栏里画"√"）

	1) 非常满意	2) 比较满意	3) 一般	4) 不很满意	5) 很不满意	6) 不好说不适用
薪水						
福利待遇						
单位 / 公司内的升迁机会						
工作自主性						
对以后发展的帮助						
工作量						
公司劳动条件与设施						
与同事的关系						
与老板 / 上司的关系						
与下属的关系						
职业的社会声望						
工作地点与住址的距离						
住房						
来上海后的总体状况						

69、您是否是下列团体的领导、积极成员或一般成员？（请在相应栏里画"√"）

	1) 领导（会长、理事等）	2) 积极成员	3) 一般会员	4) 不是会员
工会				
同乡会				
校友会（同学会）				
商会				
业主委员会				
专业 / 职业团体（如工程师协会）				
兴趣性社团（如钓鱼协会、车友俱乐部等）				
宗教团体				
公益性团体 / 协会				
互联网社团				
社区管理委员会				

70、在不直接涉及金钱利益的一般社会交往 / 接触中，您觉得下列人士中

可以信任的人多不多呢？（请在相应栏里画"√"）

	1) 绝大多数不可信	2) 多数不可信	3) 可信者与不可信者各半	4) 多数可信	5) 绝大多数可信	6) 不适用（不读出）
（近）邻居						
远邻/街坊						
亲戚						
同事						
交情不深的朋友/熟人						
老同学						
同乡						
亲密朋友						
一起参加文娱，健身，进修等业余活动的人士						
一起参加宗教活动的人士						
一起参加社会活动/公益活动						
陌生人						
网友						

71、在业余时间里，您有没有在以下方面参加由您工作单位以外的社团组织（如俱乐部、沙龙、培训班、志愿团体、教会等）安排/进行的活动呢？（请在相应栏里画"√"）

	1) 一周一次	2) 一周几次	3) 一月一次	4) 一年几次	5) 从不
健身/体育活动					
娱乐/文艺活动					
同学/同乡/同行联谊活动					
宗教信仰活动					
有助于增进培养/教育子女能力的活动					
有助于提高个人技能/技术的活动					
公益/义务活动（如扶贫、社会救济、赈灾、环保等）					
网上社团活动					

问卷结束，非常感谢您的支持和配合！

访问员保证：我保证本问卷所填各项资料，皆由我依照作业程序规定完成，绝对真实无欺，若发现一份作假，全部问卷作废，并赔偿由此而造成的损失。

【访谈记录】

	访谈日期 （月、日）	开始时间 （时、分） 24 小时制	结束时间 （时、分） 24 小时制	成功与否 1) 成功 2) 失败	未成功 的原因
第一次访谈	∟∟∟∟∟	∟∟∟∟∟	∟∟∟∟∟	∟∟	∟∟
第二次访谈	∟∟∟∟∟	∟∟∟∟∟	∟∟∟∟∟	∟∟	∟∟

未成功原因选项：

1) 无人居住

2) 不能调查（被访者生病）

3) 被访者当时不在家需另约时间

4) 被访者要求调查员稍后再来

5) 完成了部分调查，必须再来

访问员姓名：＿＿＿＿＿＿＿＿＿＿

审查员姓名：＿＿＿＿＿＿＿＿＿＿

附录二：全国职业声望得分排列表

全国职业声望得分排列表（李春玲，2005）

排序	职业	声望得分	排序	职业	声望得分
1	市人大主任	90.15	25	政府机关办事员	71.18
2	市长	89.87	26	飞机驾驶员	69.46
3	法院院长	88.61	27	警察	69.44
4	工程师	87.92	28	体育运动员	68.21
5	科学家	86.49	29	医生	67.04
6	县委书记	85.18	30	企业技术员	67.01
7	大学教授	85.15	31	市民主党派负责人	66.72
8	大学教师	85.14	32	私营企业老板	66.64
9	政府机关局长	81.1	33	乡镇长	65.8
10	外资企业经理	80.15	34	服装设计师	63.53
11	政府机关科长	79.87	35	小学教师	62.65
12	中学教师	79.4	36	军人	62.53
13	中学校长	78.18	37	企业工会主席	60.36
14	国营企业厂长	78	38	建筑队包工头	59.66
15	报社记者	77.32	39	企业采购员	57.79
16	律师	76.12	40	机关单位小轿车司机	57.11
17	国务院部长	75.96	41	幼儿园老师	56.48
18	集体企业厂长	74.95	42	服装模特	54.98
19	电影明星	73.43	43	居委会主任	54.79
20	机关政工干部	72.41	44	护士	53.8
21	电视台主持人	72.12	45	保险公司业务员	52.94
22	工商税务人员	71.58	46	村委会主任	52.12
23	作家	71.3	47	会计	51.54
24	银行出纳员	71.28	48	邮递员	50.96

续表（全国职业声望得分排列表）

排序	职业	声望得分	排序	职业	声望得分
49	养殖专业户	50.04	66	矿工	37.07
50	外资企业电工	49.43	67	理发师	36.92
51	集体企业电工	47.69	68	纺织工人	36.36
52	个体运输专业户	47.42	69	清洁工	34.79
53	推销员	46.67	70	个体裁缝	34.35
54	农机站技术员	46.19	71	公共汽车售票员	32.37
55	电脑打字员	45.4	72	种田农民	31.82
56	兽医	44.84	73	渔民	29.92
57	国营企业电工	44.58	74	车工	29.12
58	私营企业电工	44.57	75	商店营业员	28.62
59	饭店厨师	43.78	76	印刷工人	28.33
60	个体小商店店主	42.67	77	农民工	28.22
61	出租汽车司机	42.02	78	菜市场小摊贩	26.35
62	宾馆服务员	40.75	79	三轮车夫	15.91
63	建筑工人	39.8	80	搬运工	14.71
64	图书管理员	39.78	81	保姆	9.73
65	殡葬场火化工	37.1			